Beaglebone für Einsteiger

Matt Richardson

Deutsche Übersetzung von
Thomas Demmig

O'REILLY®

Beijing · Cambridge · Farnham · Köln · Sebastopol · Tokyo

Kommentare und Fragen können Sie gerne an uns richten:
O'Reilly Verlag GmbH & Co. KG
Balthasarstr. 81
50670 Köln
E-Mail: kommentar@oreilly.de

Copyright der deutschen Ausgabe:
© 2014 O'Reilly Verlag GmbH & Co. KG

Übersetzung: Thomas Demmig, Frankfurt
Lektorat: Volker Bombien, Köln
Korrektorat: Tanja Feder, Bonn
Produktion: Karin Driesen, Köln

Satz: le-tex publishing services GmbH, Leipzig, www.le-tex.de
Belichtung, Druck und buchbinderische Verarbeitung:
Druckerei Kösel, Krugzell; www.koeselbuch.de

ISBN 978-1-95561-409-6

Dieses Buch ist auf 100% chlorfrei gebleichtem Papier gedruckt.

Inhaltsverzeichnis

Vorwort

Matt ist ganz vorne mit dabei, Technologie für den Menschen zu machen – sowohl für den Einzelnen als auch für eine neue Generation von innovativen Erfindern. BeagleBone Black ist sein neuestes, bestes – und trotzdem erschwingliches – Werkzeug, mit dem Sie elektronische Projekte umsetzen können, um sich Wissen anzueignen, tatsächlich nützliche Dinge zu bauen oder einfach nur Spaß zu haben. Als einer der Mitentwickler dieses Werkzeugs, mit dem so gut wie jeder seine Umgebung erfassen und entsprechend darauf reagieren kann, bin ich natürlich stolz darauf, was damit möglich ist. Aber auch noch so viel Stolz hilft nicht dabei, zu verstehen, was der BeagleBone kann und wie Sie ihn einsetzen. Dieses Buch ist Matts Beitrag zum Beagle-Universum, der eine große Lücke füllt. Ich bin sehr zuversichtlich, dass er Sie auf den richtigen Weg bringen kann.

Als ich noch recht jung war, gab es zwei Bücher, die mir zeigten, was mit programmierbarer Elektronik möglich war: *Getting Started in Electronics* von Forrest M. Mims III und *Getting Started with TRS-80 BASIC* von George Stewart. Damals waren Programmieren und Elektronik für mich noch zwei verschiedene Welten. Beim Programmieren ging es darum, das Beste aus einem Computer herauszuholen. Es gab nicht die Gefahr, beim Experimentieren Familienfotos oder gar wertvolle Geschäftsdaten zu zerstören, da die Unterlagen meiner Mutter sicher auf Disketten und fern meines Zugriffs gelagert waren. Ich konnte mit dem Rechner tun, was ich wollte – solange ich ihn nicht aufschrauben würde.

Unabhängig vom Computer war ich regelmäßiger Gast im Elektronikladen, um mir Komponenten für kleine Schaltkreise zu kaufen und damit LEDs blinken und auf das Umgebungslicht reagieren zu lassen. Das passierte nahezu zehn Jahre bevor ich damit begann, die Komponenten mit Mikroprozessoren zu verbinden. So, wie es mir Spaß machte, die in den Computer eingetippten Spiele zu verändern (und immer zu gewinnen), war es auch ein tolles Erlebnis, meine Programme mit der realen Welt interagieren zu lassen. Die ganzen Alltagsgegenstände um mich herum bekamen eine vollständig neue Bedeutung, als ich sie mir auf diese Art und Weise zu Nutzen machen konnte.

Als Gerald Coley, der Hardware-Designer von BeagleBone Black und all den anderen *BeagleBoard.org*-Boards, mich im Jahr 2007 ansprach und mir vorschlug, mit den ARM-Prozessoren von TI etwas Neues anzustellen und ihnen so zu mehr Aufmerksamkeit zu verhelfen, war ich natürlich Feuer und Flamme. Geralds Drang nach Perfektion ist im Elektronikumfeld legendär und für die BeagleBoard.org-Community und mich persönlich schon häufig sehr hilfreich gewesen. Gerald war nie zufrieden mit „gut genug".

Mit dem Aufkommen so vieler neuer Elektronik-Gadgets kann ich meine Elektronik- und Programmiererfahrung aus der Kindheit nun zusammenführen und ich hoffe, dass dies vielen anderen genauso ergeht. Es scheint aber immer noch eine unsichtbare Linie zu geben zwischen programmierbaren Computern, mit denen Sie die üblichen Computer-Dinge erledigen können – im Web surfen, als Webserver dienen – und Geräten, die sich mit der realen Welt austauschen können – Motoren, Temperatursensoren, Lichtschalter. BeagleBone baut hier eine Brücke.

Dank Matts Buch hoffe ich, dass nun viel mehr Leute lernen, was programmierbare Elektronik und Geralds Werk ihnen ermöglicht. Ich wünsche mir sogar, dass die nächste Generation an Schülern lernt, wie sie sich selbst Technologie zunutze machen kann, statt nur das einzusetzen, was sich jemand anderes als cooles Gadget ausgedacht hat.

Jason Kridner
Mitbegründer von BeagleBoard.org und Autor/Maintainer von BoneScript

Einleitung

Ich habe den BeagleBone das erste Mal 2011 kennengelernt. Damals nutzte ich für die meisten meiner Projekte den Arduino und ich wurde neugierig, als ich von einem Board hörte, das Arduino zwar ähnelt, aber mehr wie ein vollständiger Computer arbeitet. Das Ganze schien ein wenig kompliziert, daher war ich erst einmal skeptisch, ob es mir überhaupt gelingen würde, hier irgendetwas ans Laufen zu bringen. Dennoch bestellte ich einen solchen BeagleBone und wartete ungeduldig auf sein Eintreffen.

Als ich ihn in den Händen hielt, war ich zunächst ein wenig von seiner Größe überrascht. Er passte vollständig in meine Hand und ließ sich sogar in einer Bonbondose unterbringen. In diese passte er so perfekt hinein (er hatte sogar entsprechend abgerundete Ecken), dass er wie dafür gemacht erschien. Wie ich später erfuhr, war er tatsächlich entsprechend entworfen worden.

Nachdem ich recht viel im Internet geforscht und gelernt hatte, wie man Skripten in Linux schreibt, konnte ich mit dem BeagleBone eine LED blinken lassen – dieses Projekt ist sozusagen das „Hallo Welt" bei Hardware-Entwicklungsplattformen. Schon kurze Zeit später las ich den Status von Tastern aus, rief Bilder aus einer Webcam ab, druckte mit einem Belegdrucker und verband das Board mit dem Internet.

Mein erstes großes Projekt mit dem BeagleBone hatte den Namen „Descriptive Camera". Sie funktionierte mehr oder weniger wie eine normale Kamera: Man erfasst mit ihr eine Szene, die man aufnehmen will, und drückt dann den Auslöser. Aber damit endet auch schon die Ähnlichkeit. Statt ein Bild zu speichern, gibt dieser Kamera-Prototyp eine Beschreibung der eingefangenen Szene in Textform wieder. Diese kommt sogar wie bei einer Sofortbildkamera vorne aus dem Gerät heraus.

Bei der Descriptive Camera wurden keine ausgefeilten Algorithmen zur Bilderkennung eingesetzt, sondern es wurde Crowd Sourcing genutzt. Nachdem man den Auslöser gedrückt hatte, wurde das Bild in den Mechanical Turk Service von Amazon geladen. Sie bezahlen dann die Mitarbeiter hier online dafür, dass sie bestimmte kleine Aufgaben erledigen – Audiodateien transkribieren, die Begriffe in einem Vertrag ermitteln oder in diesem Fall ein

Foto beschreiben. Nachdem die Person den Text zurückgeliefert hat, wurde dieser auf dem in der Kamera eingebauten Drucker ausgegeben.

Der BeagleBone war die perfekte Plattform für dieses Projekt. Wenn man eine USB-Webcam, eine Internet-Verbindung, Taster, LEDs und einen Belegdrucker kombinieren möchte – und zwar in einer kleinen Box – wäre das bei vielen anderen Plattformen sehr schwierig. Aber der BeagleBone bietet so viel Funktionalität und Flexibilität, dass ich dieses Projekt mit ihm in vielen verschiedenen Varianten hätte umsetzen können.

Aber ich weiß aus Erfahrung, dass ein so universell einsetzbares Werkzeug häufig auch mit einer steilen Lernkurve verbunden ist. Wenn man etwas erreichen möchte, gibt es nie nur den einen Weg, und so haben Sie vielleicht das Gefühl, nicht zu wissen, wie Sie es nun richtig machen sollen.

Ich hoffe, dass dieses Buch die Einstiegshürden für Sie verringert. Sie werden in verschiedenen Bereichen die entsprechenden Grundlagen kennenlernen, so dass Sie danach selbst weiterforschen können. Weil es unterschiedliche Wege gibt, die gleichen Ziele zu erreichen, können Sie den auswählen, der Ihnen am leichtesten fällt, und ihre Energie dann voll und ganz darauf verwenden, Ihre Vision umzusetzen.

In diesem Buch verwendete Konventionen

Die folgenden typographischen Konventionen werden in diesem Buch verwendet:

Kursiv
Steht für neue Begriffe, URLs, E-Mail-Adressen, Dateinamen und Dateierweiterungen.

`Nichtproportionalschrift`
Wird für Programmlistings und für Programmelemente in Absätzen verwendet, zum Beispiel Variablen- oder Funktionsnamen, Anweisungen oder Schlüsselwörter.

`Fette Nichtproportionalschrift`
Steht für Befehle oder anderen Text, der vom Anwender genau so eingegeben werden sollte.

`Kursive Nichtproportionalschrift`
Steht für Text, der vom Anwender durch eigene Werte ersetzt werden sollte.

Dieses Symbol weist auf einen Tipp, einen Vorschlag oder eine allgemeine Anmerkung hin.

 Dieses Symbol weist auf eine Warnung oder eine Vorsichtsmaßnahme hin.

Danksagung

Wir möchten uns bei einigen Menschen bedanken, die mit ihrem Wissen, ihrer Unterstützung, ihren Ratschlägen und ihren Kommentaren zum Gelingen von *BeagleBone für Einsteiger* beigetragen haben:

Brian Jepson
Marc de Vinck
Jason Kridner
Gerald Coley
Tom Igoe
Clay Shirky
John Schimmel
Phillip Torrone
Limor Fried
Justin Cooper
Andrew Rossi

1/Embedded Linux für Maker

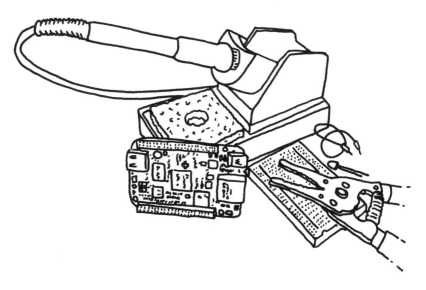

Wenn Sie mit Linux vertraut sind, kennen Sie es vermutlich vor allem als Computer-Betriebssystem, so wie OS X oder Windows. Es wird normalerweise auf Desktop-Computern eingesetzt oder bringt Server ans Laufen. Aber seit einiger Zeit findet sich Linux auch auf vielen Consumer-Elektronikgeräten. Sei es in einem Mobiltelefon, einer Settop-Box für den Fernseher oder in einem Heimtrainer – *Embedded Linux-Systeme* weichen die Grenze zwischen Computer und Gerät auf.

Auch in der Maker-Szene ist diese Grenze jetzt verschwunden. Und das ist toll, weil dadurch ganz normale Leute leistungsfähige Werkzeuge erhalten, die vorher nur Elektronik-Spezialisten zur Verfügung standen.

Viele Maker, die mit Elektronik arbeiten, lieben Mikrocontroller-Plattformen wie den Arduino, aber mit zunehmend komplexeren Projekten zeigt sich, dass ein 8-Bit-Mikrocontroller manchmal nicht genug Leistung oder nicht die notwendigen Fähigkeiten besitzt, um die erforderlichen Aufgaben zu erledigen. Wenn Sie zum Beispiel eine Kamera und Bilderkennungsalgorithmen einsetzen möchten, um schmutziges Geschirr in Ihrem Spülbecken zu erkennen, kann es sinnvoll sein, sich einmal Entwicklungs-Boards mit Embedded Linux anzuschauen. Diese sind nämlich im Allgemeinen leistungsstärker als ihre 8-Bit-Verwandten und bieten damit manchmal die perfekte Lösung für Projekte, die für unseren geliebten Arduino zu komplex sind.

Hinzu kommt, dass der Preis für Embedded Linux-Plattformen fällt und die entsprechende Community, die sehr hilfsbereit ist, wächst. Dies führt wiederum dazu, dass immer mehr Einsteiger sich für das Thema interessieren.

Der BeagleBone (Abbildung 1-1) ist ein Embedded Linux Development Board, das für Hacker und Bastler gedacht ist. Es handelt sich um eine kleinere, noch schlichtere Version des BeagleBoard. Beide sind Open Source-Hardware, in der Prozessoren von Texas Instruments mit einem ARM Cortex-A Series Core zum Einsatz kommen – diese wurden speziell für Mobilgeräte mit geringer Stromaufnahme entworfen.

Abbildung 1-1. *Der Original-BeagleBone*

Warum das BeagleBone verwenden?

Heutzutage kostet ein typisches Board mit Mikrocontroller um die 20 Euro, während der Preis für ein BeagleBone Black zum Zeitpunkt des Entstehens dieser Zeilen 45 Euro beträgt. Abgesehen vom leistungsfähigeren Prozessor – was bekommt man sonst noch für das zusätzliche Geld?

Eingebaute Netzwerkschnittstelle
Der BeagleBone besitzt eine Ethernet-Verbindung, und alle grundlegenden Netzwerk-Tools, die für Linux zur Verfügung stehen, können genutzt werden. Setzen Sie Dienste wie FTP, Telnet und SSH ein oder legen Sie sich sogar einen eigenen Webserver auf dem Board zu.

Remote-Zugriff
Aufgrund der eingebauten Netzwerkdienste ist es viel einfacher, Elektronik-Projekte über das Internet anzusprechen zu können. Bei einem Projekt zum Loggen von Daten beispielsweise können Sie die abgespeicherten Daten mit einem FTP-Client herunterladen oder sie sich sogar automatisch von Ihrem Projekt per E-Mail schicken lassen. Durch den Remote-Zugriff können Sie sich auch am Gerät anmelden, um den Code anzupassen.

Korrekte Uhrzeit
Ohne zusätzliche Hardware können Sie Datum und Uhrzeit auslesen, die im Zweifel durch das Anpingen von Internet Time-Servern über das Network Time Protocol (NTP) aktualisiert werden und so immer korrekte Werte liefern.

Dateisystem
So wie unsere „normalen" Computer verfügen auch Embedded Linux-Plattformen über ein Dateisystem, so dass das Speichern, Organisieren und Auslesen von Daten ziemlich einfach ist.

Einsatz verschiedener Programmiersprachen
Sie können Ihren Code in so gut wie jeder Sprache schreiben. Wählen Sie die aus, mit der Sie am vertrautesten sind, zum Beispiel C, C++, Python, Perl, Ruby oder sogar ein Shell-Skript.

Multitasking
Anders als bei einem typischen 8-Bit-Mikrocontroller kann bei Embedded Linux-Plattformen der Prozessor von mehreren parallel laufenden Programmen und Aufgaben gleichzeit genutzt werden. Wenn in Ihrem Projekt also zum Beispiel eine große Datei auf einen Server hochgeladen werden muss, können gleichzeitig andere Funktionen weiterlaufen.

Linux-Software
Ein Großteil der verfügbaren Linux-Software kann auf dem BeagleBone ausgeführt werden. Wenn zum Beispiel Zugriff auf eine USB-Webcam erforderlich ist, kann einfach ein Open Source-Befehlszeilenprogramm zum Auslesen und Speichern von Webcam-Bildern als JPG-Dateien heruntergeladen und kompiliert werden.

Im Web finden sich viele Informationen zu Linux, und auch Community-Sites wie Stack Overflow *(http://stackoverflow.com/)* sind sehr hilfreich, wenn man mal nicht weiterkommt.

Und was ist mit dem Raspberry Pi?

Der Raspberry Pi ist im Moment ein großes Thema. Er ähnelt dem Beagle-Bone in vielerlei Hinsicht, aber es gibt auch ein paar Unterschiede. So ist der Raspberry Pi als günstiger Computer gedacht, der die jüngere Generation dazu animieren soll, die Funktionsweise eines Computers zu ergründen und Programme zu schreiben. Dementsprechend sind Hardware, Software und die Dokumentation auch ausgerichtet. Der BeagleBone wurde hingegen allgemeiner für solche Nutzer entwickelt, die an Embedded Linux Development Boards interessiert sind; daher bietet er auch mehr Optionen für den Anschluss anderer Komponenten und einen leistungsfähigeren Prozessor.

Falls Sie Interesse daran haben, die Welt des Raspberry Pi kennenzulernen, empfehle ich Ihnen das Buch *Raspberry Pi für Einsteiger (http://www.oreilly. de/catalog/startedraspberrypiger)* (O'Reilly), das ich zusammen mit Shawn Wallace geschrieben habe.

Für wen dieses Buch gedacht ist

Auch wenn man auf recht einfache Weise mit Embedded Linux Development-Boards arbeiten kann, sind dennoch gewisse Fertigkeiten (oder zumindest Geduld und Beharrlichkeit) erforderlich, um über die Anfangsschwierigkeiten hinwegzukommen. In diesem Buch wird davon ausgegangen, dass Sie wissen, wie man mit einem normalen Computer arbeitet – sei es unter OS X, Windows oder Linux. Und auch wenn sie keine zwingende Voraussetzung sind, sind Kenntnisse im Umgang mit der Linux-Befehlszeile dennoch sehr hilfreich. Sie erfahren in diesem Buch nur die wichtigsten Grundlagen zu Linux, so dass Sie die Beispiele und Projekte durcharbeiten können. Wenn Sie Ihre eigenen Projekte mit dem BeagleBone realisieren möchten, kommen Sie ohne ordentliches Linux-Basiswissen nicht sehr weit. Zum Glück findet sich zu diesem Thema ausgesprochen viel Unterstützung im Netz und Antworten sind meist nur eine Websuche entfernt.

Dieses Buch liefert auch einen kurze Einführung in die Programmierung des Boards mit JavaScript und Python. Beide Sprachen umfassen darüber hinausgehend aber noch sehr viel mehr Details zur Vertiefung. Ich kann in diesem Buch nicht auf alle Details eingehen, möchte Ihnen aber zumindest mit Verweisen auf weitere Ressourcen helfen. Wenn Sie lieber in einer anderen Sprache programmieren möchten, kann Ihnen dieses Buch immer noch ein paar Tipps zu spezifischen BeagleBone-Tricks liefern.

Feedback

Ich wünsche mir, dass Sie mir englischsprachiges Feedback zu diesem Buch geben, so dass ich zukünftige Auflagen verbessern kann. Meine E-Mail-Adresse lautet mattr@makezine.com. Sie finden mich auch auf Twitter unter @MattRichardson *(https://twitter.com/MattRichardson)*.

2/Grundlagen und erste Schritte

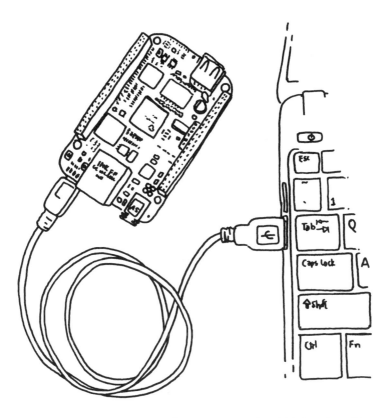

Der erste wichtige Schritt in die Welt des Beagle-Bone besteht darin, ihn einzurichten und eine Befehlszeile zu erhalten, so dass Sie mit Dateien arbeiten und Befehle ausführen können. Dann können Sie das System an Ihre Wünsche anpassen und mit eigenen Projekten beginnen.

Aber bevor Sie irgendetwas anschließen, wollen wir uns den BeagleBone erst einmal genauer anschauen. Es gibt zwei Versionen des Boards: den ursprünglichen BeagleBone und den neueren BeagleBone Black. Die meisten Dinge in diesem Buch können sie mit beiden Boards umsetzen – Ausnahmen werden erwähnt.

Man kann die beiden Boards ziemlich einfach unterscheiden. Der ursprüngliche BeagleBone ist weitgehend weiß mit schwarzem Text, der BeagleBone Black ist weitgehend schwarz mit weißem Text. Zu den wichtigsten Verbesserungen des BeagleBone Black gehören ein schnellerer Prozessor, mehr Speicher sowie Storage-Möglichkeiten und eine direkte Videoschnittstelle auf dem Board. Außerdem kostet er nur die Hälfte des ursprünglichen BeagleBone.

Überblick über das Board

Wenn Sie sich den BeagleBone genauer anschauen (Abbildung 2-1), werden Sie eine Reihe von Komponenten vorfinden, von denen einige ziemlich klein sind. Zum Glück müssen Sie nicht verstehen, was jedes einzelne Teil macht, um das Board vollständig nutzen zu können. Hier ein paar der wichtigeren Komponenten:

1. *Der Prozessor*. Er ist das Gehirn des Ganzen. Der Prozessor auf dem ursprünglichen BeagleBone gehört zur selben Klasse wie der im iPhone 4. Sie wollen Zahlen? Es handelt sich um einen 720 MHz ARM Cortex-A8, ausgestattet mit 256 MB DDR2 RAM. Bei einem BeagleBone Black ist der Prozessor ein 1-GHz-Chip mit 512 MB DDR3 RAM.

2. *Die Stromversorgung*. Ihr BeagleBone benötigt 5 V / 500 mA Gleichstrom, damit er arbeiten kann. Die meisten generischen 5V-Gleichstrom-Adapter mit einem 2,1-mm-Stecker sind entsprechend geeignet. Aber achten Sie darauf, dass nicht jede Stromversorgung mit einem passenden Stecker auch das Board mit 5 V versorgen kann. Direkt neben der Buchse findet sich ein kleiner Chip, der die restlichen Komponenten auf der Platine schützt, falls Sie unabsichtlich mehr Spannung angelegt haben (bis zu 12 V). In einem solchen Fall sorgt dieser nämlich dafür, dass Sie den BeagleBone nicht einschalten können. Aber es ist trotzdem besser, einfach darauf zu achten, dass Sie das Board nur mit 5 V versorgen.

3. *Ethernet-Port*. Hierbei handelt es sich um einen Standard-RJ45-Ethernet-Port, was für Projekte mit Verbindung ins Internet sehr praktisch ist. Sie können ihn direkt mit einem Router verbinden oder die WLAN-Verbindung Ihres Rechners über ein Netzwerkkabel mit dem BeagleBone teilen.

4. *Reset-Taste*. Drücken Sie diese Taste, um das Board neu zu starten. Wie bei Ihrem normalen Computer ist es auch hier besser, einen Neustart sauber vom Betriebssystem aus anzustoßen, da ansonsten eventuell

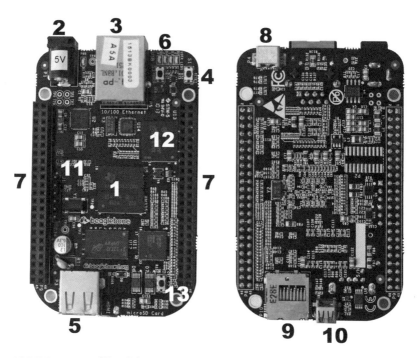

Abbildung 2-1. *Die wichtigsten Komponenten des BeagleBone Black*

Dateien zerstört werden können. Trotzdem kann diese Taste sehr hilfreich sein, wenn sich das System aufgehängt hat.

5. *USB-Host-Port*. Wie Ihr normaler Computer ist auch der BeagleBone
mit einem USB-Port ausgestattet. Auf diesem Weg können Sie viele verschiedene Komponenten mit Ihrem Board verbinden, zum Beispiel Tastatur, Maus oder WLAN-Adapter.

6. *Onboard-LEDs*. Neben der Buchse für die Stromversorgung finden Sie
eine LED, die anzeigt, ob das Board auch Strom bekommt. Dazu sind
neben der Reset-Taste vier LEDs vorhanden, die von Ihnen per Software
angesteuert werden können. Standardmäßig zeigt LED 0 einen „Heart-
beat", wenn das System läuft. LED 1 blinkt, wenn auf die MicroSD-Karte
zugegriffen wird. LED 2 blinkt, wenn die CPU aktiv ist, und LED 3, wenn
der Flash-Speicher auf der Platine angesprochen wird (auf dem Beagle-
Bone Black).

7. *Expansion Headers*. Diese beiden Buchsenleisten – beschriftet mit P8
und P9 – ermöglichen es Ihnen, Ihren BeagleBone mit anderen elektronischen Projekten zu verbinden. Die Pins können für eine Reihe verschiedener Funktionen konfiguriert werden. Darauf werden wir in Kapitel 4 noch genauer eingehen.

8. *Mini-USB-Port.* Mit diesem USB-Port können Sie Ihren BeagleBone als Device agieren lassen, wenn Sie ihn mit Ihrem Computer verbinden. Dieser liefert dann über USB nicht nur Strom, sondern ermöglicht auch die Kommunikation. Auf diese Weise können Sie zudem so auf Referenzinformationen des BeagleBone zugreifen, die als weiterer Datenspeicher auf Ihrem Computer angezeigt werden. Wenn Sie Ihr Board auf diesem Weg mit Strom versorgen, wird die Prozessorgeschwindigkeit reduziert, um den Stromverbrauch zu verringern.

9. *MicroSD-Kartenslot.* Anders als die meisten Computer besitzt der BeagleBone keine Festplatte, sondern er nutzt stattdessen eine MicroSD-Karte für das Betriebssystem, die Programme und Ihre Daten. Auf einem BeagleBone Black ist das Betriebssystem im Onboard Flash Memory abgelegt (siehe im Nachfolgenden), das über den MicroSD-Kartenslot aktualisiert werden kann.

10. *Micro-HDMI-Port (Nur BeagleBone Black).* Um den BeagleBone Black mit einem Monitor oder Fernseher zu verbinden, nutzen Sie den Micro-HDMI-Port. Man kann ihn leicht mit dem Mini-USB-Port verwechseln. Wenn es also schwierig ist, das Kabel einzustecken, prüfen Sie lieber, ob Sie auch den richtigen Port erwischt haben.

11. *Serieller Anschluss (Nur BeagleBone Black).* Ein serieller Anschluss für den Zugriff auf das Terminal ist zwar sowohl beim BeagleBone als auch der BeagleBone Black möglich, aber nur der BeagleBone Black spendiert dafür eigene Pins. Durch die Anordnung dieser Pins ist es leicht, ein FTDI TTL-232-Kabel oder ein Breakout Board anzuschließen, so dass Sie das textbasierte Terminal per USB nutzen können.

12. *On Board Flash Memory (Nur BeagleBone Black).* Der BeagleBone Black besitzt On-Board Flash Memory und kann daher ohne eine MicroSD-Karte gestartet werden. In der entsprechenden technischen Dokumentation wird dieser Speicher als *eMMC* bezeichnet.

13. *Boot-Taster (Nur BeagleBone Black).* Wenn Sie diese Taste gedrückt halten, während Sie Ihren BeagleBone Black starten, greift dieser auf die MicroSD-Karte zu, statt vom On-Board Flash Memory zu booten.

Was Sie benötigen

Wenn Sie sich mit dem BeagleBone beschäftigen, werden Sie feststellen, dass es viele verschiedene Wege gibt, bestimmte Dinge zu realisieren. Je nachdem, was für Sie am einfachsten ist und welche Projekte Sie umsetzen wollen, benötigen Sie nicht unbedingt alle Komponenten von der folgenden Liste. Wenn Sie sie aber in vollem Umfang zur Hand haben, kann das sehr hilfreich sein, wenn Sie sich an den Projekte in diesem Buch versuchen:

- BeagleBone
- 5V-DC-Stromversorgung
- Ethernetkabel

- USB-Kabel A auf Mini B
- Steckplatine
- Jumperkabel
- LEDs
- Widerstände
- Taster
- Schalter
- 2K-Potentiometer
- Temperatursensor (TMP35 oder TMP36)
- 4 GB MicroSD-Karte
- MicroSD-Kartenleser

Bei einem BeagleBone Black könnten zusätzlich die folgenden Dinge hilfreich sein:

- Monitor mit HDMI-Anschluss
- Kabel oder Adapter Micro HDMI auf HDMI
- Tastatur
- Maus
- USB-Hub
- 3.3V FTDI-Kabel (siehe „Serial over USB mit dem BeagleBone verbinden" auf Seite 16)

Das Betriebssystem

Wie ein Computer besitzt der BeagleBone ein Betriebssystem. Standardmäßig wird Linux verwendet, das kostenlos und Open Source ist. Es gibt dabei viele verschiedene "Geschmacksrichtungen" (*Distributionen*), aber das auf *BeagleBoard.org* angebotene Betriebssystem mit dem Namen Ångström ist speziell auf das Board zugeschnitten.

Bei einem nagelneuen BeagleBone Black ist Ångström schon im On-Board Flash Memory oder eMMC abgelegt. Wenn Sie einen älteren BeagleBone besitzen, sollte diesem eine MicroSD-Karte mit Ångström beiliegen. Da diese Distribution sehr aktiv weiterentwickelt wird, lohnt es sich, immer ein Update auf die neueste Version durchzuführen und somit die Aktualität zu wahren. Im April 2013 gab es ein großes Update. Bei den Beispielen in diesem Buch wird davon ausgegangen, dass Sie mindestens diese Version verwenden. In Anhang A wird beschrieben, wie Sie eine aktuelle MicroSD-Karte erstellen.

Es ist zwar möglich, andere Linux-Distributionen oder sogar andere Betriebssysteme auf dem BeagleBone zu verwenden, aber ich empfehle den Einsatz von Ångström, da es schon für den BeagleBone vorbereitet ist und es auch von den Leuten bei *BeagleBoard.org* eingesetzt wird, wenn sie mit dem Board arbeiten und es testen.

Die Verbindung zum BeagleBone

Wie schon erwähnt gibt es beim BeagleBone viele Wege, ein bestimmtes Ziel zu erreichen – insbesondere wenn es darum geht, eine Verbindung mit dessen *Befehlszeilen-Terminal* herzustellen. An der Befehlszeile können Sie dann Programme bauen und ausführen, Administrations-Aufgaben erledigen, Informationen über Ihr Board erhalten und vieles mehr.

Meist habe ich den BeagleBone per Ethernet an meinen Netzwerk-Router angeschlossen. Auf diese Weise kann ich mich mit seiner Befehlszeile per *SSH* (Secure Shell) verbinden, Dateien per *SFTP* (SSH File Transfer Protocol) transferieren und den BeagleBone selbst auf das Internet zugreifen lassen, um bei Bedarf Code und Softwarepakete herunterzuladen.

Wenn Fehler gesucht werden müssen, die eine instabile Netzwerkverbindung verursachen, ist es sehr praktisch, die Befehlszeile auch per Serial over USB ansprechen zu können. Im Folgenden werde ich Ihnen einige der Verbindungsmöglichkeiten detaillierter vorstellen.

Per USB verbinden und Treiber installieren

Auf dem BeagleBone befinden sich schon bei der Auslieferung Dokumentation und Treiber, die Ihnen dabei helfen, das Board vom Computer aus anzusprechen.

1. Achten Sie bei einen Original-BeagleBone darauf, dass eine MicroSD-Karte mit der neuesten Version eines BeagleBone Ångström-Image im Slot steckt.

2. Verbinden Sie den BeagleBone über ein USB-Kabel vom Typ A-nach-Mini-B mit Ihrem Computer.

3. Nach ungefähr 20 Sekunden sollte ein Laufwerk BEAGLEBONE in Ihrem Dateisystem angezeigt werden. Öffnen Sie dieses Laufwerk und klicken Sie doppelt auf das START-HTML-Dokument (*START.htm*), um es in Ihrem Standard-Webbrowser zu öffnen.

4. Folgen Sie den Anweisungen im Abschnitt „Install Drivers" für Ihr Betriebssystem.

5. Rufen Sie in Ihrem Webbrowser *http://192.168.7.2/* auf, um Bone 101 zu öffnen. Diese Seite wird von Ihrem BeagleBone bereitgestellt. Sie enthält zahlreiche Informationen über das Board, darunter auch einige interaktive Beispiele mit BoneScript, einer JavaScript-Bibliothek, die für den BeagleBone geschrieben wurde.

Wenn Sie möchten, können Sie hier ein wenig stöbern und herumspielen. In Kapitel 7 werden wir auf den Einsatz von BoneScript zurückkommen, aber jetzt wollen wir erst einmal einen Befehlsprompt erreichen.

Per SSH über USB verbinden

1. Öffnen Sie Ihr Terminal und verbinden Sie sich mit dem BeagleBone:

   a. Wenn Sie auf einem Mac arbeiten, öffnen Sie die Terminal-Anwendung, die Sie in */Programme/Dienstprogramme* finden. Geben Sie am $-Prompt den Befehl ssh root@192.168.7.2 ein.

   b. Unter Linux tippen Sie am Befehlszeilenprompt ssh root@192.168.7.2 ein.

   c. Auf einem Windows-PC laden Sie PuTTY *(http://www.chiark. greenend.org.uk/~sgtatham/putty/download.html)* herunter und installieren es. Geben Sie als Host-Adresse 192.168.7.2 ein, achten Sie darauf, dass „SSH" ausgewählt ist, und drücken Sie Connect. Wenn Sie den Prompt „login as:" erhalten, geben Sie root ein und drücken die Eingabetaste.

2. Beim ersten Verbinden werden Sie gewarnt, dass Sie sich mit einem unbekannten Host verbinden. Sie können diese Nachricht verwerfen.

3. Es ist standardmäßig kein Passwort gesetzt. Falls Sie danach gefragt werden, drücken Sie einfach die Eingabetaste.

4. Wenn Sie folgende Ausgabe sehen, wissen Sie, dass die Verbindung erfolgreich hergestellt wurde:

```
root@beaglebone:~#
```

Per SSH über Ethernet verbinden

Vielleicht möchten Sie gelegentlich Ihren BeagleBone nicht über USB, sondern über das Netzwerk ansprechen.

1. Wenn Sie mit einem Original-BeagleBone arbeiten, achten Sie darauf, dass sich die mitgelieferte MicroSD-Karte im Slot befindet.

2. Verbinden Sie den BeagleBone per Ethernet-Kabel mit Ihrem Router und versorgen Sie dann den BeagleBone per 5V-Adapter mit Strom.

 Wenn Sie das Board mit den Kabeln verbinden und dabei etwas robuster vorgehen, kann es schnell passieren, dass die MicroSD-Karte ausgeworfen wird. Um dies zu vermeiden, halten Sie den BeagleBone beim Einstecken der Kabel an den Längsseiten fest (Abbildung 2-2).

Abbildung 2-2. *Das Ethernet-Kabel mit dem BeagleBone verbinden*

3. Per SSH verbinden:

   a. Wenn Sie auf einem Mac arbeiten, öffnen Sie die Terminal-Anwendung, die Sie in */Programme/Dienstprogramme* finden. Geben Sie am $-Prompt den Befehl `ssh root@beaglebone.local` ein.

   b. Unter Linux geben Sie an Ihrer Befehlszeile `ssh root@beaglebone.local` ein.

   c. Auf einem Windows-PC laden Sie PuTTY *(http://www.chiark. greenend.org.uk/~sgtatham/putty/download.html)* herunter und installieren es. Starten Sie das Programm und geben Sie dann als Host-Adresse „beaglebone.local" ein. Achten Sie darauf, dass „SSH" ausgewählt ist, und drücken Sie Connect. Wenn Sie den Prompt „login as:" erhalten, geben Sie root ein und drücken die Eingabetaste.

 Keine Verbindung?

Wenn Sie unter Windows arbeiten und der Host-Name `beaglebone.local` nicht funktioniert, können Sie versuchen, Bonjour Print Services for Windows *(http://support.apple. com/kb/dl999)* herunterzuladen. Oder Sie probieren es mit der IP-Adresse des Boards. Diese ermitteln Sie, indem Sie sich an Ihrem Router anmelden und in der Liste der DHCP-Clients nach „beaglebone" suchen.

---

4. Beim ersten Verbinden werden Sie gewarnt, dass Sie sich mit einem unbekannten Host verbinden. Sie können diese Nachricht ignorieren.
5. Es ist standardmäßig kein Passwort gesetzt. Falls Sie danach gefragt werden, drücken Sie einfach die Eingabetaste.
6. Wenn Sie folgende Ausgabe sehen, wissen Sie, dass die Verbindung erfolgreich hergestellt wurde: root@beaglebone:~# (Abbildung 2-3).

```
○ ○ ○                    Terminal — ssh — 80×24
Last login: Sat Jun 30 06:36:33 on console
Matt-Richardsons-MacBook-Pro:~ matt$ ssh root@beaglebone.local
The authenticity of host 'beaglebone.local (10.0.1.91)' can't be established.
RSA key fingerprint is b2:10:8a:1a:e3:d3:22:7d:73:d0:fe:5f:48:de:c2:8f.
Are you sure you want to continue connecting (yes/no)? yes
Warning: Permanently added 'beaglebone.local,10.0.1.91' (RSA) to the list of kno
wn hosts.
root@beaglebone.local's password:
root@beaglebone:~#
```

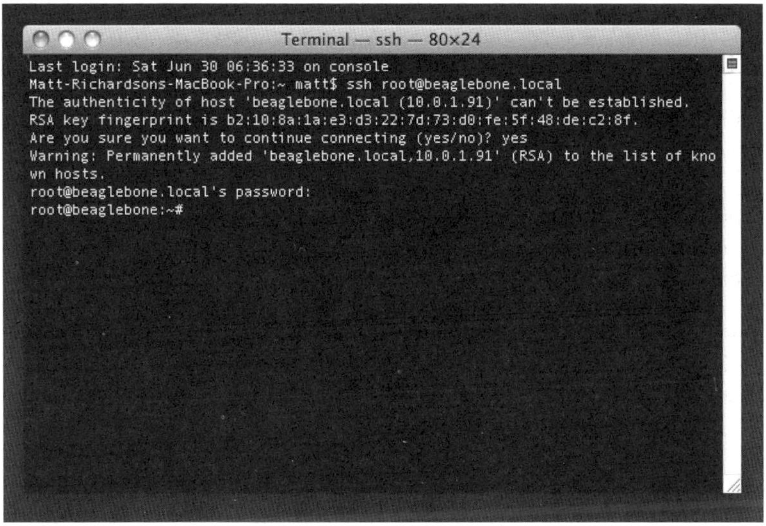

Abbildung 2-3. *SSH-Anmeldebildschirm*

Tastatur, Monitor und Maus einsetzen

Bei einem BeagleBone Black können Sie einen HDMI-Monitor, Tastatur und Maus direkt anschließen. Da nur ein USB-Host-Port auf dem BeagleBone vorhanden ist, benötigen Sie einen USB-Hub, um sowohl Tastatur als auch Maus nutzen zu können, sofern Ihre Tastatur nicht selbst einen eingebauten Hub besitzt. Wenn Sie den BeagleBone Black booten, wird Ihnen die GNOME-Desktopoberfläche angezeigt. Um zum Terminal zu gelangen, klicken Sie auf Applications, System Tools und dann auf Terminal.

In diesem Buch werden wir viel mit der Befehlszeile arbeiten. Manche Aktionen, wie zum Beispiel das Erstellen, Bearbeiten oder Verschieben von Dateien, lassen sich auch auf der Desktopoberfläche erledigen, wenn Ihnen das lieber ist. Diese Umgebung kommt Ihnen sicherlich hinsichtlich vielerlei Aspekte vertraut vor, wenn Sie sonst mit Windows oder einem Mac arbeiten. Mehr Informationen zur Desktopumgebung finden Sie in Kapitel 8.

Serial over USB mit dem BeagleBone verbinden

Sie können sich mit Ihrem BeagleBone auch per Serial over USB verbinden. Diese rein textbasierte Verbindung ist dann nützlich, wenn Sie Netzwerkprobleme beobachten. Zudem können Sie auf diese Weise sehen, was geschieht, wenn der BeagleBone startet und die Services noch nicht geladen wurden, mittels derer er sich mit dem Netzwerk verbinden kann. Wenn Sie per SSH zugreifen können, werden Sie diesen Weg nicht nutzen, aber behalten Sie diese Option im Hinterkopf, falls Sie Probleme beim Anmelden im Netzwerk haben.

Das Vorgehen auf dem BeagleBone Black unterscheidet sich ein wenig von dem auf dem Original-BeagleBone, daher habe ich die Beschreibung unterteilt. Wenn Sie sich mit dem Original-BeagleBone seriell verbinden möchten, können Sie ein normales USB-A-to-Mini-B-Kabel nutzen (wie das in „Per USB verbinden und Treiber installieren" auf Seite 12). Für eine Verbindung mit dem BeagleBone Black benötigen Sie ein 3,3V-FTDI-TTL-232-Kabel oder ein Adapterboard. Diese sind viel weniger verbreitet als die USB-A-to-Mini-B-Kabel, können aber bei Händlern wie Sparkfun *(https://www.sparkfun.com/products/9717)*, Adafruit *(http://www.adafruit.com/products/70)* oder Watterott *(http://www.watterott.com/de/TTL-232R-USB-Serial-Converter-33V)* erworben werden.

Mit dem Original-BeagleBone von OS X oder Linux aus seriell verbinden

1. Installieren Sie die Treiber in „Per USB verbinden und Treiber installieren" auf Seite 12, falls Sie das nicht schon getan haben.

2. Verbinden Sie den BeagleBone bei eingesteckter MicroSD-Karte über ein USB-A-to-Mini-B-Kabel.

3. Öffnen Sie ein Terminalfenster und geben Sie folgenden Befehl ein:

```
screen `ls /dev/{tty.usb*B,beaglebone-serial}` 115200
```

4. Der Bildschirm wird (abgesehen von einem blinkenden Cursor) schwarz werden. Drücken Sie die Eingabetaste, damit Ihnen der Anmeldebildschirm angezeigt wird (Abbildung 2-4).

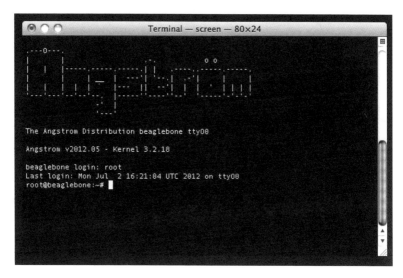

Abbildung 2-4. *Der Anmeldebildschirm bei einer seriellen Verbindung*

5. Melden Sie sich mit dem Benutzernamen root an.
6. Standardmäßig ist kein Passwort vergeben. Fall Sie danach gefragt werden, drücken Sie daher die Eingabetaste.
7. Um die Verbindung zum BeagleBone zu beenden, drücken Sie Strg/ Ctrl-A und dann K.

Mit dem Original-BeagleBone von Windows aus seriell verbinden

1. Installieren Sie die Treiber in „Per USB verbinden und Treiber installieren" auf Seite 12, falls Sie das nicht schon getan haben.
2. Verbinden Sie den BeagleBone bei eingesteckter MicroSD-Karte über ein USB-A-to-Mini-B-Kabel.
3. Laden Sie PuTTY *(http://www.chiark.greenend.org.uk/~sgtatham/ putty/download.html)* herunter, installieren und starten Sie es.
4. Wählen Sie als Verbindungstyp Serial.
5. Geben Sie den Namen des seriellen Ports für Ihre Verbindung ein. Eventuell müssen Sie im Gerätemanager danach suchen (Windows+R, dann *devmgmt.msc* eingeben, auf OK klicken und unter Ports nachschauen). Auf meinem System war dies COM7. Klicken Sie auf OK.
6. Als Geschwindigkeit wählen Sie 115200.
7. Die übrigen Standardwerte sollten in Ordnung sein (siehe Abbildung 2-5). Klicken Sie auf OK.

Abbildung 2-5. *PuTTY-Einstellungen auf Windows-Rechnern*

8. Sie werden einen blinkenden Cursor im Terminalfenster sehen. Drücken Sie die Eingabetaste, damit Ihnen der Anmeldebildschirm angezeigt wird.

9. Melden Sie sich mit dem Benutzernamen root an.

10. Standardmäßig ist kein Passwort gesetzt. Drücken Sie daher einfach die Eingabetaste, falls Sie danach gefragt werden.

Mit dem BeagleBone Black von OS X oder Linux aus seriell verbinden

1. Installieren Sie die Treiber in „Per USB verbinden und Treiber installieren" auf Seite 12, falls Sie das nicht schon getan haben.

2. Schließen Sie das USB-Ende eines 3,3V-FTDI-Kabels an Ihrem Computer an.

3. Verbinden Sie die andere Seite des FTDI-Kabels mit den sechs Pins, die auf dem BeagleBone Black mit J1 gekennzeichnet sind. Der schwarze Draht des FTDI-Kabels sollte sich näher an der „J1"-Beschriftung befinden.

4. Öffnen Sie ein Terminalfenster und geben Sie Folgendes ein:

```
screen `ls /dev/tty.usbserial-*` 115200
```

5. Der Bildschirm wird (abgesehen von einem blinkenden Cursor) schwarz werden. Drücken Sie die Eingabetaste, damit Ihnen der Anmeldebildschirm angezeigt wird.

6. Melden Sie sich mit dem Benutzernamen root an.

7. Standardmäßig ist kein Passwort vergeben. Falls Sie danach gefragt werden, drücken Sie daher die Eingabetaste.

8. Um die Verbindung zum BeagleBone zu beenden, drücken Sie Strg/Ctrl-A und dann K.

Mit dem BeagleBone Black von Windows aus seriell verbinden

1. Installieren Sie die Treiber in „Per USB verbinden und Treiber installieren" auf Seite 12, falls Sie das nicht schon getan haben.

2. Schließen Sie das USB-Ende eines 3,3V-FTDI-Kabels an Ihrem Computer an.

3. Verbinden Sie die andere Seite des FTDI-Kabels mit den sechs Pins, die auf dem BeagleBone Black mit J1 gekennzeichnet sind. Der schwarze Draht des FTDI-Kabels sollte sich näher an der „J1"-Beschriftung befinden.

4. Laden Sie PuTTY *(http://www.chiark.greenend.org.uk/~sgtatham/putty/download.html)* herunter, installieren und starten Sie es.

5. Wählen Sie als Verbindungstyp Serial.

6. Geben Sie den Namen des seriellen Ports für Ihre Verbindung ein. Eventuell müssen Sie im Gerätemanager danach suchen (Windows+R, dann *devmgmt.msc* eingeben, auf OK klicken und unter Ports nachschauen). Auf meinem System war dies COM7. Klicken Sie auf OK.

7. Als Geschwindigkeit wählen Sie 115200.

8. Die übrigen Standardwerte sollten in Ordnung sein (siehe Abbildung 2-5). Klicken Sie auf OK.

9. Sie werden einen blinken Cursor im Terminalfenster sehen. Drücken Sie die Eingabetaste, damit Ihnen der Anmeldebildschirm angezeigt wird.

10. Melden Sie sich mit dem Benutzernamen root an.

11. Standardmäßig ist kein Passwort gesetzt, drücken Sie daher einfach die Eingabetaste, falls Sie danach gefragt werden.

Ich werde später noch eine weitere Möglichkeit vorstellen, sich mit dem BeagleBone zu verbinden – nämlich über die Integrierte Entwicklungsumgebung (Integrated Development Environment, IDE) Cloud9. Bis dahin ist es aber am besten, Sie verbinden sich mit dem BeagleBone per Ethernet. Auf diese Weise können Sie per SSH die Befehlszeile erreichen, mit SFTP Dateien transferieren und den BeagleBone selbst auf das Internet zugreifen lassen, was in Kapitel 4 erforderlich sein wird.

3/Kleiner Einstieg
in Linux

```
root@beaglebone:~# cd /
root@beaglebone:/# ls
bin   dev  home  lost+found  mnt    run  sys  usr
boot  etc  lib   media       proc   sbin tmp  var
root@beaglebone:/#█
```

Dem Uneingeweihten mag Linux zunächst wie ein fremdartiges Monster erscheinen. Es ist sehr mächtig, lässt sich gut anpassen und ist stark durch Betriebssysteme beeinflusst, die aus den Anfangstagen der Computertechnik stammen. Neben dem Preis (es ist kostenlos) besteht der größte Vorteil bei einem Linux-Betriebssystem in der großen Benutzer-Community, die ihr Wissen in den Code einfließen lässt und anderen Anwendern hilft.

Es gibt zwar unglaublich viele verschiedene *Distributionen* von Linux (so etwas wie "Geschmacksrichtungen"), aber bei BeagleBoard.org wird eine Version der Ångström-Distribution von Linux angeboten, die extra für den Einsatz auf dem BeagleBone angepasst wurde. Dieses Distribution ist auf dem BeagleBone Black schon vorinstalliert, lässt sich aber auch von den Servern herunterladen. Im Rahmen dieses Buches werden wir Ångström einsetzen. Es ist aber auch möglich, andere Linux-Distributionen oder sogar andere Betriebssysteme zu nutzen.

Die Befehlszeile

Thema von Kapitel 2 war die Verbindung zu Ihrem BeagleBone und das Erreichen einer Befehlszeile. An dieser Befehlszeile können Sie Anweisungen eingeben, um Programme zu starten, mit Dateien zu arbeiten (zum Beispiel Erstellen, Löschen, Kopieren und Verschieben), Ihre eigenen Programme zu kompilieren, Systemeinstellungen anzupassen und vieles mehr. Standardmäßig sieht der Befehlszeilen-Prompt des BeagleBone so aus:

```
root@beaglebone:~#
```

Lassen Sie uns den Prompt einmal genauer anschauen, um herauszufinden, woraus er besteht.

root
: Dies ist der Benutzer, als der Sie angemeldet sind – in diesem Fall root. Bei diesem speziellen Benutzerkonto handelt es sich um den*Superuser* oder Administrator des Systems. Als root haben Sie unbeschränkten Zugriff auf fast alle Systemfunktionen. Diese großen Machtfülle bringt allerdings auch große Verantwortung mit sich: Es besteht viel leichter die Gefahr, Änderungen durchzuführen, die das Board unbenutzbar machen.

beaglebone
: Dies ist der Hostname, also der Name, mit dem sich andere Computer in Ihrem Netzwerk auf Ihren BeagleBone beziehen. Weiter unten in diesem Kapitel werden Sie erfahren, wie Sie ihn ändern können – zum Beispiel, um einen beschreibenderen Namen wie „toaster" zu verwenden.

~
: Hiermit wird das aktuelle *Arbeitsverzeichnis* angegeben. Dabei handelt es sich um Ihre aktuelle Position im Dateisystem. Wenn Sie eine Anweisung zum Erstellen einer Datei ausführen, ohne ein anderes Verzeichnis anzugeben, wird die Datei im Arbeitsverzeichnis angelegt. Die Tilde ist eine Abkürzung für das Home-Verzeichnis des angemeldeten Benutzers. Wenn Sie auf dem BeagleBone als root angemeldet sind, verweist die Tilde auf /home/root.

#
: Dies ist der Prompt für die Eingabe. Die Raute zeigt zudem an, dass wir als Superuser angemeldet sind. Einem normalen Benutzer wäre $ als Prompt zugewiesen.

Dateisystem

Wie bei vielen anderen Betriebssystemen handelt es sich beim Dateisystem von Linux um eine Struktur aus Dateien, die in Ordnern oder *Verzeichnissen* organisiert sind. Die Wurzel des Dateisystems (das Root-Verzeichnis, nicht zu verwechseln mit dem root-Benutzer) wird durch einen normalen Schrägstrich (/) repräsentiert. Unter diesem Root-Verzeichnis finden sich einige Hauptverzeichnisse, von denen die meisten in Tabelle 3-1 aufgeführt sind.

Tabelle 3-1. *Verzeichnisse im Root-Verzeichnis des Dateisystems*

bin	Programme und Anweisungen für Benutzer
boot	Dateien, die beim Booten benötigt werden.
dev	Dateien, die Geräte (Devices) auf Ihrem System repräsentieren.
etc	Konfigurationsdateien
home	Home-Verzeichnisse für die Benutzer
lib	Systembibliotheken und Treiber
media	Position für Wechselmedien wie zum Beispiel USB-Laufwerke und MicroSD-Karten
proc	Dateien, die Informationen zu Ihrem System repräsentieren.
sbin	Programme zur Systemverwaltung
sys	Dateien für den Zugriff auf die Hardware des BeagleBone
tmp	Temporäre Dateien
usr	Programme, die allen Benutzern zur Verfügung stehen.
var	Systemlog-Dateien

Lassen Sie uns über die Befehlszeile das Linux-Dateisystem auf dem Beagle-Bone erforschen. Die erste Anweisung, die Sie kennenlernen werden, lautet pwd, was für *Print Working Directory* (Arbeitsverzeichnis ausgeben) steht. Hierüber erfahren Sie, wo Sie sich gerade im Dateisystem befinden.

```
root@beaglebone:~# pwd
/home/root
```

Hiermit wird angezeigt, dass Sie sich im Verzeichnis namens *root* befinden, welches wiederum im Verzeichnis *home* liegt, das an der Dateisystem-Wurzel hängt. Bei dieser speziellen Position handelt es sich um das Home-Verzeichnis des root-Benutzers. In den meisten Fällen werden Sie hier Ihre Projekte ablegen, an denen Sie als root-Benutzer arbeiten.

Das Verzeichnis wechseln

Nehmen wir an, Sie wollen mit dem Arbeitsverzeichnis zum Dateisystem-Root wechseln. Dazu können Sie den Befehl cd nutzen:

```
root@beaglebone:~# cd /
root@beaglebone:/#
```

Ist Ihnen die kleine Änderung in der Befehlszeile aufgefallen? Statt einer Tilde gibt es dort nun einen Schrägstrich, der darauf hinweist, dass wir vom

Home-Verzeichnis zum Dateisystem-Root gewechselt haben. Um sicherzu-
gehen, können wir jederzeit pwd aufrufen:

```
root@beaglebone:/# pwd
/
```

 Da es sich bei der Tilde um eine Kurzform für Ihr Home-Verzeichnis handelt, werden Sie sie nur zu Gesicht bekommen,
wenn Sie sich in Ihrem Home-Verzeichnis oder einem seiner
Unterverzeichnisse befinden. Ansonsten wird Ihnen der *abso-
lute Pfad* angezeigt, der bei / beginnt, also beim Dateisystem-
Root.

Um in das übergeordnete Verzeichnis des aktuellen Verzeichnisses zu wechseln, verwenden Sie cd ..:

```
root@beaglebone:/# cd ~
root@beaglebone:~# pwd
/home/root
root@beaglebone:~# cd ..
root@beaglebone:/home# pwd
/home
root@beaglebone:/home# cd ..
root@beaglebone:/# pwd
/
```

Die beiden Punkte .. können auch bei der Eingabe von Pfaden verwendet werden. Befinden Sie sich zum Beispiel in dem (hypothetischen)
Pfad */home/root/myProject/sound* (siehe die Verzeichnisstruktur in
Abbildung 3-1), können Sie in das Verzeichnis */home/root/myProject/code*
durch die Eingabe von cd ../code wechseln.

Abbildung 3-1. *Ein Beispiel für eine Verzeichnisstruktur. Sie können von
/myProject/sound zu /myProject/code durch Eingabe von cd ../code wechseln*

Verzeichnisinhalte ausgeben

Sie befinden sich nun im Dateisystem-Root und können den Inhalt des aktuellen Arbeitsverzeichnisses mit dem Befehl ls ausgeben:

```
root@beaglebone:/# ls
bin   dev  home  lost+found  mnt   run   sys  usr
boot  etc  lib   media       proc  sbin  tmp  var
```

Hier sehen Sie alle Verzeichnisse, die in Tabelle 3-1 vorgestellt wurden (und noch einige weitere). Wenn Sie an mehr Informationen über den Inhalt des aktuellen Arbeitsverzeichnisses interessiert sind, können Sie die Option -l für den Befehl ls nutzen, um sie in einem ausführlicheren Format anzuzeigen:

```
root@beaglebone:/# ls -l
total 56
drwxr-xr-x   2 root  root    4096 Mar 18  2013 bin
drwx------   2 xuser xuser   4096 Mar 18  2013 boot
drwxr-xr-x  13 root  root    3960 Jan  1 00:00 dev
drwxr-xr-x  65 root  root    4096 Jan  1 00:00 etc
drwxr-sr-x   4 root  root    4096 Mar 18  2013 home
drwxr-xr-x   9 xuser xuser   4096 Mar 18  2013 lib
drwx------   2 root  root   16384 Mar 18  2013 lost+found
drwxr-xr-x  11 root  root    4096 Jan  1 00:00 media
drwxr-xr-x   2 root  root    4096 Mar 18  2013 mnt
dr-xr-xr-x 106 root  root       0 Jan  1  1970 proc
drwxr-xr-x   7 root  root     160 Jan  1 00:00 run
drwxr-xr-x   2 root  root    4096 Mar 18  2013 sbin
dr-xr-xr-x  12 root  root       0 Jan  1 00:00 sys
drwxrwxrwt  11 root  root     240 Jan  1 00:00 tmp
drwxr-xr-x  12 root  root    4096 Mar 18  2013 usr
drwxr-xr-x  13 root  root    4096 Mar 18  2013 var
```

In dieser Ausgabe erhalten Sie mehr Informationen: die Berechtigungen, den Besitzer, die Größe und das letzte Änderungsdatum aller Dateien oder Verzeichnisse. Als Nächstes werden Sie ein paar Dateien und Verzeichnisse erstellen, daher wollen wir in das Home-Verzeichnis des root-Benutzers zurückwechseln:

```
root@beaglebone:/# cd /home/root
root@beaglebone:~#
```

Weitere Abkürzungen nach Hause

Im vorherigen Beispiel haben Sie den Pfad zu Ihrem Home-Verzeichnis vollständig eingegeben, um dorthin zu wechseln. Es gibt aber ein paar Abkürzungsmöglichkeiten. Die Tilde verweist immer auf das Home-Verzeichnis des angemeldeten

Benutzers, daher können Sie cd ~ verwenden, um zu Ihrem Home-Verzeichnis zurückzukehren. Wenn Ihnen das immer noch zu viel ist, geben Sie einfach cd ein – Sie landen dann ebenfalls am gewünschten Ort.

Mit ls lassen Sie sich den Inhalt Ihres Home-Verzeichnisses ausgeben:

```
root@beaglebone:~# ls
Desktop
```

Wie Sie sehen, ist hier bereits ein Verzeichnis namens *Desktop* vorhanden. Darum müssen Sie sich (noch) keine Gedanken machen, aber falls Sie neugierig sind: Dateien, die auf dem Desktop der grafischen Benutzeroberfläche auftauchen, werden hier abgelegt. Mehr Informationen dazu finden Sie in Kapitel 8.

Dateien und Verzeichnisse erstellen

Mit dem Befehl mkdir erstellen Sie ein neues Verzeichnis:

```
root@beaglebone:~# mkdir myProject
```

Wechseln Sie nun in das neu erstellte Verzeichnis:

```
root@beaglebone:~# cd myProject
root@beaglebone:~/myProject#
```

Wenn Sie eine neue Datei erstellen und sie gleich mit etwas Text füllen möchten, funktioniert das alles mit einem Befehl:

```
root@beaglebone:~/myProject# echo 'Hallo Welt!' > hello.txt
```

Die Aufgabe von echo besteht darin, im Terminal alles auszugeben, was hinter dem Befehl an Text folgt. Mit dem Größer-Zeichen leiten wir diese Ausgabe dann in die Datei *hello.txt* um, die bei Bedarf automatisch erstellt wird.

 Falls *hello.txt* schon vorhanden ist, wird die Datei mit der Anweisung eventuell überschrieben – gehen Sie also beim Einsatz des Umleitungs-Symbols äußerst vorsichtig vor.

Wen Sie sich nun den Inhalt von *myProject* anzeigen lassen, werden Sie die neue Datei vorfinden:

```
root@beaglebone:~/myProject# ls
hello.txt
```

Um den Inhalt der Datei anzuzeigen, können Sie den Befehl cat nutzen:

```
root@beaglebone:~/myProject# cat hello.txt
Hallo Welt!
```

Wenn Sie an das Ende einer Datei noch Text anhängen möchten, können Sie dazu folgendermaßen vorgehen:

```
root@beaglebone:~/myProject# echo 'Was für ein schöner Tag!' >> hello.txt
```

Achten Sie darauf, zwei Größer-Zeichen zu nutzen, denn damit wird die Ausgabe von echo an das Ende der Datei *angehängt*. Für das Ergebnis können Sie wieder cat einsetzen:

```
root@beaglebone:~/myProject# cat hello.txt
Hallo Welt!
Was für ein schöner Tag!
```

Wir nutzen cat hier zwar zum Ausgeben von Dateiinhalten, aber seine eigentliche Aufgabe ist das Aneinanderfügen (Verketten) von Dateien. Der Befehl erwartet dann eine Aufzählung von Dateien, die er dann alle aneinanderfügt. Um das auszuprobieren, erstellen Sie zunächst noch eine Datei:

```
root@beaglebone:~/myProject# echo 'Wir sehen uns bald!' > bye.txt
```

Jetzt wollen wir cat nutzen, um *hello.txt* und *bye.txt* zu verbinden und damit eine neue Datei namens *greetings.txt* anzulegen:

```
root@beaglebone:~/myProject# cat hello.txt bye.txt > greetings.txt
```

Wenn Sie jetzt den Inhalt von *greetings.txt* ausgeben, werden Sie die Texte aus den ersten beiden Dateien vorfinden:

```
root@beaglebone:~/myProject# cat greetings.txt
Hallo Welt!
Was für ein schöner Tag!
Wir sehen uns bald!
```

Alle diese Tools für die Befehlszeile erleichtern die Arbeit mit den Dateien ungemein, aber manchmal möchten Sie eventuell einfach nur den Inhalt einer einzelnen Datei ausgeben und ihn auch ändern. Dazu empfehle ich den Texteditor nano. Um Ihre Datei in nano zu öffnen, geben Sie einfach nano gefolgt vom Namen der gewünschten Datei ein.

```
root@beaglebone:~/myProject# nano greetings.txt
```

Innerhalb von nano können Sie den Cursor mit den Pfeiltasten bewegen, um Text einzufügen oder zu löschen. Zum Speichern drücken Sie Strg-0, zum

Beenden Strg-X. Mit Nano können Sie zum Beispiel Text suchen, kopieren oder ausschneiden und an anderer Stelle einfügen oder die Rechtschreibung prüfen. Hilfe erhalten Sie in nano mit Strg-G.

Natürlich können Sie mit nano auch neue Dateien erstellen. Geben Sie einfach nach dem Befehl Nano den Namen der Datei an, die Sie anlegen möchten. Sie wird dann erzeugt, sobald Sie in nano speichern.

Dateien kopieren, verschieben und umbenennen

Das Kopieren und Verschieben von Dateien an der Befehlszeile ist recht einfach. Zum Ausprobieren erstellen Sie innerhalb von *~/myProject* ein neues Verzeichnis mit dem Namen *archive*:

```
root@beaglebone:~/myProject# mkdir archive
```

Um eine Datei in das Verzeichnis *archive* zu kopieren, verwenden Sie den Befehl cp, gefolgt vom Namen der Datei, die Sie kopieren wollen, und dem Ziel:

```
root@beaglebone:~/myProject# cp hello.txt archive
```

Jetzt verschieben Sie eine Datei mit dem Befehl mv. Er wird auf dieselbe Weise wie cp verwendet, nur dass die Datei eben verschoben statt kopiert wird.

```
root@beaglebone:~/myProject# mv bye.txt archive
```

Sie können mit mv auch eine Datei umbenennen, statt sie an eine andere Stelle zu verschieben. Sie können beispielsweise *greetings.txt* einen neuen Namen *salutations.txt* geben:

```
root@beaglebone:~/myProject# mv greetings.txt salutations.txt
```

Dateien und Verzeichnisse löschen

Mit dem Befehl rm löschen Sie Dateien.

```
root@beaglebone:~/myProject# rm salutations.txt
```

Wenn Sie ein ganzes Verzeichnis mitsamt Inhalt löschen wollen, verwenden Sie rm mit der Option -r. Lassen Sie dabei aber äußerste Vorsicht walten, da es keine Möglichkeit gibt, gelöschte Dateien wiederherzustellen!

```
root@beaglebone:~/myProject# rm -r archive
```

Setup

Wie bei jedem anderen Computer können Sie auch den BeagleBone durch Einstellungen an Ihre Bedürfnisse anpassen. Dies ist nicht unbedingt erforderlich, aber bei manchen Projekten kann es sehr praktisch sein.

Datum und Uhrzeit

Die meisten Computer besitzen eine *Echtzeituhr* (Real Time Clock, RTC) – ein Teil der Hardware, der Datum und Uhrzeit liefern kann. RTCs besitzen meist eine eigene kleine Batterie, so dass sie die Uhrzeit auch auf dem aktuellen Stand halten können, wenn der Computer nicht mit Strom versorgt ist. Leider besitzt der BeagleBone keine Echtzeituhr. Beim Booten kennt er den aktuellen Tag nicht und weiß auch nicht, wie spät es ist. Um dies zu prüfen, nutzen Sie den Befehl date:

```
root@beaglebone:~# date
Sat Jan  1 00:28:06 UTC 2000
```

Solange der BeagleBone mit Strom versorgt ist, kann er allerdings die aktuelle Uhrzeit liefern. Sie muss nur jedes Mal beim Booten korrekt gesetzt werden. Dies ließe sich natürlich manuell erledigen, was aber nicht sehr sinnvoll wäre, wenn Sie es immer wieder tun müssten. Zum Glück können wir den BeagleBone so einrichten, dass er das aktuelle Datum und die Uhrzeit mittels *Network Time Protocol* NTP abruft.

Die Zeitzone einstellen

Der erste, wichtige Schritt ist das Festlegen der Zeitzone. Es gibt auf dem Board eine fertige Datenbank und Sie müssen die Datei */etc/localtime* auf die richtige Datei weisen lassen. Als Erstes erstellen Sie eine Sicherheitskopie der alten *localtime*-Datei, indem Sie sie in *localtime.old* umbenennen:

```
root@beaglebone:~# mv /etc/localtime /etc/localtime.old
```

Wechseln Sie in das Verzeichnis */usr/share/zoneinfo* und lassen Sie sich den Inhalt ausgeben, so dass Sie die verfügbaren Zeitzonen-Dateien sehen, die dabei je nach Kontinent in unterschiedlichen Verzeichnissen liegen. Ich werde */usr/share/zoneinfo/Europe/Berlin* nutzen:

```
root@beaglebone:~# cd /usr/share/zoneinfo/
root@beaglebone:/usr/share/zoneinfo# ls
Africa      CST6CDT  Europe  GMT0       MST7MDT  Pacific  Universal  zone.tab
America     EET      GB      Greenwich  NZ       ROC      W-SU
Asia        EST      GMT     HST        NZ-CHAT  ROK      WET
Australia   EST5EDT  GMT+0   MET        PRC      UCT      Zulu
CET         Etc      GMT-0   MST        PST8PDT  UTC      iso3166.tab
root@beaglebone:/usr/share/zoneinfo# cd Europe/
```

```
root@beaglebone:/usr/share/zoneinfo/Europe# ls
Amsterdam  Andorra  Athens  Belfast    Belgrade Berlin   Bratislava   Brussels
...
```

Dann erstellen Sie einen *symbolischen Link* von der Datei */etc/localtime* zu Ihrer gewünschten Zeitzonen-Datei. Bei einem symbolischen Link handelt es sich quasi um eine Weiterleitung für eine Datei. Sie können ihn in einem Verzeichnis erstellen und die meisten Anwendungen, die die Datei lesen oder in sie schreiben wollen, werden zur Zieldatei weitergeleitet, die sich an einem anderen Ort befindet.

 Der Shell-Prompt im folgenden Beispiel ist für eine bessere Lesbarkeit ohne Textumbruch ein wenig zurechtgeschnitten.

```
# ln -s /usr/share/zoneinfo/Europe/Berlin /etc/localtime
```

Den NTP-Server angeben

Als Nächstes setzen wir eine Verbindung zu einem NTP-Server auf, der die Zeit liefern kann. Bearbeiten Sie die Konfigurationsdatei ntpdate mit nano:

```
root@beaglebone:/usr/share/zoneinfo/Europe# nano /etc/default/ntpdate
```

Passen Sie die Zeile mit NTPSERVERS="" so an, dass sie wie folgt aussieht:

```
NTPSERVERS="pool.ntp.org"
```

 pool.ntp.org leitet Sie an einen der über 4000 öffentlich zugänglichen NTP-Server weiter. Wenn Sie möchten, können Sie natürlich auch einen anderen NTP-Server auswählen.

Sichern Sie die Datei mit Strg-O und beenden Sie Nano mit Strg-X. Jetzt rufen Sie das Programm ntpdate-sync auf, damit der BeagleBone die aktuelle Zeit abruft. Wenn alles funktioniert, erhalten Sie *keine* Information von ntpdate-sync. Versuchen Sie nun nach einer kurzen Wartezeit, den Befehl date nochmals aufzurufen:

```
root@beaglebone:/usr/share/zoneinfo/Europe# ntpdate-sync
root@beaglebone:/usr/share/zoneinfo/Europe# date
Tue Jul  2 22:35:11 CET 2013
```

Datum und Uhrzeit werden nun korrekt sein, solange Ihr BeagleBone mit Strom versorgt ist. Er ist zudem so eingerichtet, dass er sich standardmäßig stündlich mit dem NTP-Server synchronisiert. Es wird also nach dem

Booten immer einen gewissen Zeitraum ohne korrekte Uhrzeit geben. Sie können aber immer selbst `ntpdate-sync` aufrufen, um eine Synchronisation sofort durchzuführen. In Anhang B erfahren Sie, wie Sie `ntpdate-sync` automatisch beim Booten ausführen lassen können.

Software-Installation und Updates

Wenn Ihr BeagleBone eine Verbindung zum Internet aufweist, können Sie auf sehr einfache Art und Weise Software und Code-Bibliotheken installieren und aktualisieren. Die Software steht in *Paketen* zur Verfügung, für die Ångström das Tool opkg nutzt, um sie zu installieren und aktuell zu halten.

Mittels opkg wird eine Liste der verfügbaren Paketversionen auf dem Beagle-Bone verwaltet, daher ist es wichtig, diese Liste zu aktualisieren, bevor Sie Software installieren oder updaten. Dazu geben Sie folgenden Befehl ein:

```
root@beaglebone:~# opkg update
```

Es wird beim Herunterladen der neuesten Listen einiges an Text angezeigt. Wenn Sie die Software aktualisieren möchten, wird der opkg-Befehl upgrade alle installierten Pakete auf den neuesten Stand bringen. Je nachdem, für wie viele Pakete neue Versionen zur Verfügung stehen, kann das *sehr* lange dauern – durchaus auch ein paar Stunden:

```
root@beaglebone:~# opkg upgrade
```

Wenn Sie eine bestimmte Software oder Code-Bibliothek installieren möchten, können Sie dazu ebenfalls opkg nutzen. Um zum Beispiel die Versionskontrolle git zu installieren, führen Sie folgenden Befehl aus:

```
root@beaglebone:~# opkg install git
```

Das Gleiche gilt für das Aktualisieren. Wenn Sie zum Beispiel nur Python auf den neuesten Stand bringen möchten, können Sie diesen Befehl nutzen:

```
root@beaglebone:~# opkg upgrade python
```

Den Hostnamen ändern

Standardmäßig macht sich Ihr BeagleBone in Ihrem Netzwerk mit dem Namen beaglebone bekannt, so dass Sie ihn im Web über http://beaglebone.local oder per SSH via ssh root@beaglebone.local ansprechen können. In den meisten Fällen werden Sie diesen Namen nicht anpassen müssen, aber wenn Sie mehrere BeagleBones im gleichen Netzwerk nutzen möchten, sollten Sie sie voneinander unterscheiden können.

Um den Hostnamen zu ändern, führen Sie den folgenden Befehl aus, wobei Sie daran denken sollten, dass der Hostname nur Buchstaben (ohne Umlaute), Zahlen oder den Bindestrich enthalten kann. Es sind keine anderen Zeichen wie $, # oder Leerzeichen erlaubt:

```
root@beaglebone:~# echo 'your-hostname' > /etc/hostname
```

Damit Ihr BeagleBone sich auch unter seinem eigenen Hostnamen erkennt, sollten Sie noch die hosts-Datei anpassen:

```
root@beaglebone:~# nano /etc/hosts
```

Ändern Sie die Zeile 127.0.0.1 beaglebone, indem Sie „beaglebone" durch den entsprechenden neuen Hostnamen ersetzen. Nachdem Sie die Datei gespeichert und nano beendet haben, müssen Sie Ihren BeagleBone neu starten. Nach dem erneuten Anmelden sollten Sie den neuen Hostnamen auch im Prompt wiederfinden.

Ein Passwort setzen

Standardmäßig ist für den Benutzer root in den von BeagleBone.org bereitgestellten Ångström-Images kein Passwort gesetzt. Wenn Sie den Beagle-Bone ausschließlich per USB oder in Ihrem eigenen, privaten Netzwerk nutzen, müssen Sie auch keines setzen. Wenn Sie aber den BeagleBone in einem Netzwerk verwenden, auf das auch andere Zugriff haben, ist es ist eine sehr gute Idee, ein geeignetes Passwort zu definieren.

Um das Passwort zu setzen oder zu ändern, nutzen Sie den Befehl passwd:

```
root@xively-box:~# passwd
Enter new UNIX password: [verborgen]
Retype new UNIX password: [verborgen]
passwd: password updated successfully
```

Herunterfahren

Wenn Sie den BeagleBone einfach nur von seiner Stromversorgung trennen, ohne ihn vorher ordnungsgemäß herunterzufahren, kann das zu zerstörten Daten führen und Probleme mit dem Betriebssystem verursachen. Um den BeagleBone sauber herunterzufahren, führen Sie den folgenden Befehl aus:

```
root@beaglebone:~# shutdown
```

Wenn die User-LEDs nicht mehr blinken und die Power-LED neben dem Stromversorgungs-Anschluss erlischt, können Sie den BeagleBone sicher vom Stromnetz trennen. Wenn Sie ihn wieder mit Strom versorgen, wird er auch neu gestartet. Wenn Sie das Board nur neu starten möchten, verwenden Sie den Befehl reboot.

```
root@beaglebone:~# reboot
```

4/Erste Schritte
in digitaler Elektronik

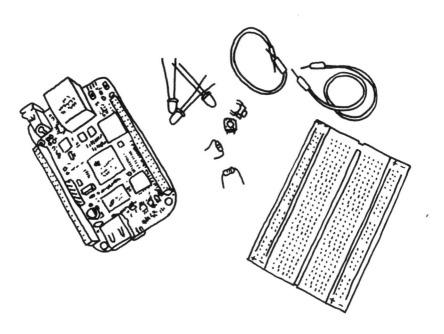

Entwicklungsplattformen wie der BeagleBone bieten eine Umgebung, in der man Software- und Hardware-Hacks wunderbar kombinieren kann. In diesem Kapitel werden Sie die *General Purpose Input/Output*-Pins (GPIO) auf dem Board einsetzen, um zu verstehen, wie sie funktionieren und wie Sie sie auslesen und setzen können.

Ohne Zweifel werden Sie die zwei Steckerleisten bemerkt haben, die sich links und rechts auf dem Board befinden. Sie sind mit P8 (Abbildung 4-1) und P9 beschriftet. Jede Leiste besitzt 46 Pins und wenn Sie genauer hinsehen, können Sie erkennen, dass die Pins 1, 2, 45 und 46 jeweils beschriftet

Abbildung 4-1. *Leiste P8*

Abbildung 4-2. *Pin-Beschriftung für Leiste P9*

sind (Abbildung 4-2). Um die Pin-Nummern in der Mitte zu ermitteln, werden Sie die Pins abzählen müssen.

Die Pins ermöglichen viele verschiedene Aktionen – das Steuern von LCD-Bildschirmen, das Auslesen von Sensoren, die Kommunikation mit anderen Komponenten und vieles mehr. Die meisten Pins lassen sich sogar in verschiedene Modi umschalten, um unterschiedliche Funktionen anbieten zu können. In *Alles vermuxt* finden Sie mehr Informationen hierzu.

In diesem Kapitel werden wir ein paar der Pins im *GPIO-Modus* einsetzen. GPIO-Pins können nur einen von zwei Zuständen einnehmen: High und Low. Wenn ein Pin high ist, ist er mit 3,3 Volt verbunden. Ist ein Pin low, dann ist er mit der Masse verbunden. Das Auslesen eines Pins, der weder mit 3,3 V noch mit der Masse verbunden ist, liefert nicht vorhersagbare Ergebnisse. Ein solcher Pin wird als *Floating* bezeichnet.

 3,3 V ist das definierte logische Niveau des BeagleBone. Andere Plattformen, wie zum Beispiel der Arduino, nutzen eventuell 5 V. Verwenden Sie mit dem BeagleBone nur 3,3-V-Logik-Komponenten, denn anderenfalls können Sie dem Board dauerhaften Schaden zufügen.

Bevor wir Code schreiben, wollen wir uns anschauen, wie Sie auch über die Linux-Befehlszeile (eingeschränkt) mit den digitalen Pins arbeiten können. Wenn Sie erst einmal wissen, wie der Linux-Kernel ein *virtuelles Dateisystem* einsetzt, um Pins auszulesen oder zu setzen, wird das Programmieren des BeagleBone viel einfacher. Sie können dann jede beliebige Programmiersprache verwenden, um auf die Pins zuzugreifen. Solange Sie Dateien lesen und schreiben können, können Sie auch mit GPIO arbeiten.

Um die Übungen in diesem Kapitel nachzuvollziehen, benötigen Sie neben Ihrem BeagleBone, der entsprechenden Stromversorgung und Ihrem Computer noch folgende Komponenten:

- Steckplatine
- Jumperkabel
- LEDs
- Widerstände: 1×100 Ω, 1×10 kΩ
- Taster oder Umschalter

Mit einer LED verbinden

Eine neue Plattform lernt man am besten kennen, indem man einfach eine LED zum Blinken bringt. Also beginnen wir damit, eine LED anzuschließen:

1. Fahren Sie den BeagleBone herunter (siehe „Herunterfahren" auf Seite 32). Es ist immer sinnvoll, das Board herunterzufahren und von der

Stromversorgung zu trennen, bevor Sie anfangen, die Pins mit Kabeln zu verbinden.

2. Verbinden Sie mit Hilfe eines Jumperkabels die negative Leiste der Steckplatine mit einem der Masse-Pins des BeagleBone – also einem der Pins 1 oder 2 der Steckleisten P8 oder P9.

3. Verbinden Sie mit einem weiteren Jumperkabel die positive Leiste der Steckplatine mit den 3,3V-Pins des BeagleBone – den Pins 3 oder 4 der Steckleiste P9.

 Achten Sie darauf, die Leiste nicht unabsichtlich mit den 5 V an den Pins 5 oder 67 zu verbinden. Die GPIO-Pins vertragen nur 3,3 V.

---

4. Stecken Sie eine LED in die Steckplatine, so dass die Kathoden-Seite (der kürzere Anschluss) mit der negativen Leiste und die Anoden-Seiten mit einer der Reihen in der Steckplatine verbunden ist.

5. Verbinden Sie nun die Anoden-Seite der LED über einen 100 Ω-Widerstand mit einer weiteren Reihe der Steckplatine. Ein solcher Widerstand sollte den Farbcode Braun/Schwarz/Braun/Gold (oder Silber) aufweisen.

6. Verbinden Sie das andere Ende des 100 Ω-Widerstands mit Pin 12 der Steckleiste P8. Ihr Schaltkreis sollte nun wie in Abbildung 4-3 aussehen.

Abbildung 4-3. *Eine LED mit Pin 12 der Steckleiste P8 verbinden (GPIO 44)*

Signalnamen unter Linux

Leider entsprechen die Nummern, über die Sie im Linux-Dateisystem die Pins ansprechen, nicht den Pin-Nummern auf dem Board. Selbst wenn Sie einen Blick in das System Reference Manual von BeagleBoard.org werfen, um den Signalnamen zu erhalten, ist immer noch etwas Rechnerei erforderlich, um die Signalnamen unter Linux zu ermitteln. Bei den Tutorials in diesem Kapitel habe ich einen Überblick zu den Pins in Abbildung 4-4 gegeben. Wenn Sie andere Pins auf dem Board verwenden möchten, ermitteln Sie die Nummer wie folgt:

1. Laden Sie das System Reference Manual des BeagleBone unter *http://beagleboard.org/bone* herunter.

2. Im Abschnitt des System Reference Manual zur Pin-Belegung von P8 sehen Sie zum Beispiel, dass der Standard-Signalname für den Hardware-Pin 12 „GPIO1_12" lautet. Der Signalname hat das Format „GPIO[chip]_[pin]".

3. Um die Pin-Nummer für den Einsatz unter Linux zu ermitteln, multiplizieren Sie die Chip-Nummern mit 32 und addieren die Pin-Nummer. Für das Signal GPIO1_12 wäre das unter Linux also das GPIO-Signal 44 ($32 \times 1 + 12 = 44$).

 Alles vermuxt

Ihnen ist vielleicht aufgefallen, dass wir in Abbildung 4-4 nur einige Pins hervorgehoben haben. Das liegt daran, dass vielen Pins verschiedene Funktionen zugewiesen werden können, nicht nur digitale Ein- und Ausgabe. Dies wird als Pin Multiplexing oder „Pin Muxing" bezeichnet und lässt das Ganze unter Umständen ein wenig knifflig werden. In diesem Tutorium nutze ich Pins, die beim Einschalten des BeagleBone standardmäßig im GPIO-Modus laufen. Viele der anderen Pins laufen in dieser Situation standardmäßig in einem anderen Modus. Denken Sie daran, dass sich die Standardwerte auch ändern können, wenn neue Versionen von Ångström für das Board herauskommen.

Output

Mit Hilfe von Abbildung 4-4 wissen Sie nun, dass Sie unter Linux das GPIO-Signal 44 verwenden müssen, um mit Pin 12 der Steckleiste P8 kommunizieren zu können. Zudem wissen Sie, dass er standardmäßig im GPIO-

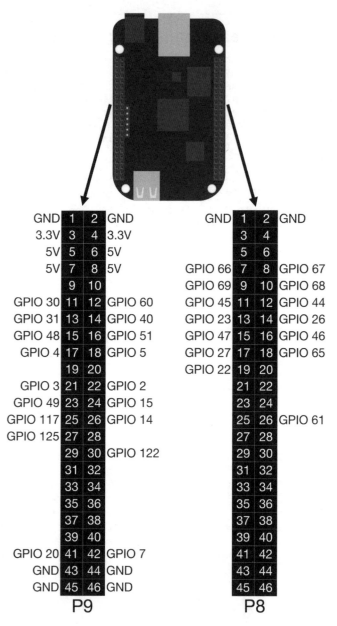

GND	1	2	GND	GND	1	2	GND
3.3V	3	4	3.3V		3	4	
5V	5	6	5V		5	6	
5V	7	8	5V	GPIO 66	7	8	GPIO 67
	9	10		GPIO 69	9	10	GPIO 68
GPIO 30	11	12	GPIO 60	GPIO 45	11	12	GPIO 44
GPIO 31	13	14	GPIO 40	GPIO 23	13	14	GPIO 26
GPIO 48	15	16	GPIO 51	GPIO 47	15	16	GPIO 46
GPIO 4	17	18	GPIO 5	GPIO 27	17	18	GPIO 65
	19	20		GPIO 22	19	20	
GPIO 3	21	22	GPIO 2		21	22	
GPIO 49	23	24	GPIO 15		23	24	
GPIO 117	25	26	GPIO 14		25	26	GPIO 61
GPIO 125	27	28			27	28	
	29	30	GPIO 122		29	30	
	31	32			31	32	
	33	34			33	34	
	35	36			35	36	
	37	38			37	38	
	39	40			39	40	
GPIO 20	41	42	GPIO 7		41	42	
GND	43	44	GND		43	44	
GND	45	46	GND		45	46	
P9				**P8**			

Abbildung 4-4. *Die GPIO-Pins (BeagleBone-Illustration stammt von Adafruit Fritzing Library)*

Modus läuft. Daher können Sie jetzt alleine mit der Befehlszeile diesen Pin manipulieren:

1. Wechseln Sie an der Befehlszeile in das gpio-Verzeichnis:

```
root@beaglebone:~# cd /sys/class/gpio
```

 Für das Eingeben längerer Pfade steht an der Befehlszeile ein Feature namens Befehlszeilenvervollständigung zur Verfügung, das Ihnen viel Zeit ersparen kann. Geben Sie die ersten Buchstaben des Verzeichnisses oder der Datei ein und drücken Sie die Tab-Taste. Wenn es eine einzelne Datei oder ein Verzeichnis gibt, das/die zu diesen Anfangsbuchstaben passt, wird der Rest des Namens für Sie „aufgefüllt". Wenn mehrere mögliche Ergebnisse (oder gar keins) vorhanden sind, hören Sie einen Ton.

2. Wenn Sie sich den Inhalt des Verzeichnisses mit dem Befehl ls ausgeben lassen, werden Sie feststellen, dass es keinen Ordner für das GPIO-Signal 44 gibt. Das liegt daran, dass wir den Pin erst in den Userspace exportieren müssen, um ihn ansteuern zu können. Dazu nutzen wir den echo-Befehl, um die Zahl 44 in die Datei export zu schreiben:

```
root@beaglebone:/sys/class/gpio# echo 44 > export
```

 Diese Pins können von vielen verschiedenen Funktionen genutzt werden und Sie möchten sicherlich nicht, dass diese sich gegenseitig ins Gehege kommen. Wenn Sie zum Beispiel ein Erweiterungsboard an den BeagleBone anschließen, wird dieses einige der Pins für sich beanspruchen. Durch das Exportieren des Pins in den Userspace teilen Sie dem Linux-Kernel mit, dass Sie als Anwender den Pin verwenden möchten. Der Kernel warnt Sie dann, falls der Pin schon eingesetzt wird. Wenn er noch zur Verfügung, steht, wird das entsprechende Verzeichnis erstellt, so dass Sie mit dem Pin arbeiten können. Außerdem werden wiederum andere Komponenten gewarnt, dass Sie nun den Pin nutzen.

3. Wenn Sie jetzt ls eingeben, werden Sie das neu erzeugte Verzeichnis gpio44 vorfinden.

```
root@beaglebone:/sys/class/gpio# ls
export  gpio44  gpiochip0  gpiochip32  gpiochip64  gpiochip96
unexport
```

4. Wechseln Sie in dieses Verzeichnis:

```
root@beaglebone:/sys/class/gpio# cd gpio44
```

5. Da Sie eine LED ansteuern möchten, müssen Sie den Pin als Ausgabe-Pin definieren. Dazu schreiben Sie das Wort „out" in die Datei direction:

```
root@beaglebone:/sys/class/gpio/gpio44# echo out > direction
```

6. Jetzt können wir den Pin auf High setzen, um die LED leuchten zu lassen. Schreiben Sie dazu in die Datei value den Wert 1:

```
root@beaglebone:/sys/class/gpio/gpio44# echo 1 > value
```

7. Wir können den Pin auf Low setzen (und die LED damit abschalten), indem wir in die Datei value den Wert 0 schreiben:

```
root@beaglebone:/sys/class/gpio/gpio44# echo 0 > value
```

Wenn die LED nach dem Schreiben von 1 in die Datei value geleuchtet hat – und wieder erlosch, nachdem Sie dort 0 hineingeschrieben hatten, dann können Sie sich gratulieren! Experimentieren Sie ruhig auch mit den anderen Pins in Abbildung 4-4.

Input

Wenn Sie einen Output-Pin über das Schreiben in die Datei value steuern können, liegt die Annahme recht nahe, dass Sie auf einen Input-Pin über das *Lesen* der Datei value zugreifen. Dadurch können Sie zum Beispiel den Status von Tastern und Schaltern abfragen. Lassen Sie es uns einfach ausprobieren:

1. Stecken Sie einen Taster auf die Steckplatine, so dass er den mittleren Bereich überbrückt. Falls sie keinen Taster zur Hand haben, können Sie auch einen Schalter nutzen.
2. Verbinden Sie den einen Anschluss des Tasters mit der positiven Leiste.
3. Verbinden Sie den anderen Anschluss des Buttons mit dem Input-Pin 11 der Steckleiste P8 (siehe Abbildung 4-5).
4. Verbinden Sie über einen 10-kΩ-*Pulldown-Widerstand* die Masse-Leiste mit dem Taster-Anschluss, der mit dem Input-Pin verbunden ist.

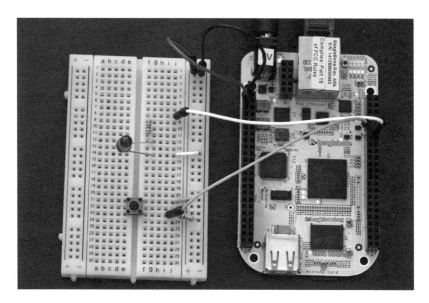

Abbildung 4-5. *Ein Taster und eine LED, die mit dem BeagleBone verbunden sind*

 Denken Sie daran, dass GPIO-Pins entweder High oder Low sein müssen – also entweder mit 3,3 V oder mit der Masse verbunden. Der 10-kΩ-Pulldown-Widerstand stellt sicher, dass der Input-Pin bei einem nicht gedrückten Taster – und der damit unterbrochenen Verbindung zu 3,3 V – über den 10kΩ-Widerstand mit Masse verbunden ist. Der Widerstand sorgt hier dafür, dass die 3,3 V bei einem gedrückten Taster nicht direkt mit der Masse verbunden sind und kein Kurzschluss entsteht. Stattdessen fließt der Strom zum Input-Pin.

5. Kehren wir jetzt zurück zur Befehlszeile. Als Erstes exportieren wir den Pin wieder in den Userspace und wechseln in sein Verzeichnis. Laut Abbildung 4-4 entspricht die Pin 11 auf Steckleiste P8 dem GPIO-Signal 45:

```
root@beaglebone:/sys/class/gpio/gpio44# cd ..
root@beaglebone:/sys/class/gpio# echo 45 > export
root@beaglebone:/sys/class/gpio# cd gpio45
```

6. Anschließend setzen wir den Pin als Input-Pin:

```
root@beaglebone:/sys/class/gpio/gpio45# echo in > direction
```

7. Statt nun in die Datei value zu schreiben, lesen wir sie mit dem Befehl cat aus:

```
root@beaglebone:/sys/class/gpio/gpio45# cat value
0
```

8. Hier sollte der Wert 0 für Low ausgegeben werden. Der Pin ist also mit Masse verbunden. Nun drücken Sie die Taste und halten sie gedrückt, während Sie den Befehl cat value erneut ausführen. Wenn alles korrekt angeschlossen ist, sollte Ihnen nun eine 1 angezeigt werden, woran Sie erkennen können, dass der Pin High ist (also mit 3,3 V verbunden).

 Sie können einen Befehl recht einfach erneut ausführen, indem Sie die Pfeil-nach-oben-Taste und dann erneut die Eingabetaste drücken. Durch mehrfaches Drücken der Pfeil-nach-oben-Taste durchlaufen Sie Ihre bisher eingegebenen Befehle. Drücken Sie einfach wieder die Eingabetaste, wenn Sie den gewünschten Befehl vor der Nase haben.

9. Wenn Sie die Pins nicht mehr benötigen, denken Sie daran, das Exportieren in den Userspace wieder rückgängig zu machen:

```
root@beaglebone:/sys/class/gpio/gpio45# echo 44 > /sys/class/gpio/unexport
root@beaglebone:/sys/class/gpio/gpio45# echo 45 > /sys/class/gpio/unexport
```

Herzlichen Glückwunsch! Sie haben mit Linux-Hilfsmitteln eine LED blinken lassen und einen Tastendruck ausgelesen. Das mag trivial erscheinen, aber diese Beispiele bilden die Grundlagen der digitalen Elektronik mit dem BeagleBone. Und Sie sind nicht auf LEDs, Taster und Schalter beschränkt. Mit den richtigen Verbindungen können Sie auch Kippsensoren, Blender, Türöffner, Summer, Motoren und vieles andere ansteuern.

Projekt: Zeitgesteuerter Netzschalter

Nachdem Sie nun wissen, wie sich von der Befehlszeile aus Pins auslesen und setzen lassen, können Sie die Werkzeuge von Linux in die reale Welt bringen. In diesem Projekt wird der Job-Scheduler cron von Linux und einen PowerSwitch Tail als Relais genutzt, um eine Lampe oder ein anderes 240V-Gerät abhängig von einem Zeitplan ein- oder auszuschalten. Und da der BeagleBone direkt mit dem Netzwerk verbunden werden kann, haben Sie so die Möglichkeit, Ihre Zeitsteuerung von Ihrem Heim-Computer oder vom anderen Ende der Welt aus anzupassen.

Dieses Projekt zeigt Ihnen auch, wie Sie mit Hilfe von Shell-Skripten Befehle als Programm ausführen können.

Wenn Sie sich noch keinen PowerSwitch Tail zugelegt haben, können Sie dieses Projekt auch mit der LED ausprobieren, die Sie schon an Ihren BeagleBone angeschlossen haben. Wenn sie so mit dem Board verbunden ist, wie es im vorherigen Abschnitt dargestellt wurde, können Sie die Verkabelung beibehalten.

Komponenten

Sie benötigen folgende Komponenten, um das Projekt nachzubauen:

- BeagleBone
- 5V-Stromversorgung
- Ethernet-Kabel
- PowerSwitch Tail II
- Verbindungsdrähte
- Lampe

Den Schaltkreis aufbauen

1. Verbinden Sie mit den Drähten Pin 1 des PowerSwitch Tail mit Pin 12 der Steckleiste P8 des BeagleBone.

2. Mit einem weiteren Draht verbinden Sie Pin 2 des PowerSwitch Tail mit einem der Masse-Pins des BeagleBone. Das sind bei beiden Steckleisten die Pins 1 und 2.

3. Stecken Sie den PowerSwitch Tail in einen Stecker und Ihre Lampe in den PowerSwitch Tail.

4. Achten Sie darauf, dass die Lampe eingeschaltet ist. Sie wird jetzt noch nicht leuchten, da der PowerSwitch Tail noch die betreffende Stromversorgung unterbricht.

Der PowerSwitch Tail dient als Relais, mit dem Sie mit den 3,3V-Logiksignalen des BeagleBone einen „normalen" Verbraucher mit 240 V ansteuern können. Wenn Sie Pin 12 auf High setzen, wird damit der Schalter zwischen Stecker und Lampe geschlossen und diese zum Leuchten gebracht.

WARNUNG Es gibt den PowerSwitch Tail II komplett aufgebaut, jedoch nur für 120 V. Für 240 V steht leider nur ein

Bausatz zur Verfügung. Wenn Sie dieses Projekt nachbauen möchten, sollten Sie wissen, was Sie tun – die Arbeit mit 240 V kann Folgen haben ...

Den Schaltkreis testen

1. Führen Sie die folgenden Befehle aus, um das Relais zu aktivieren und die Lampe damit einzuschalten. Die Befehle sollten Ihnen vertraut vorkommen, da es sich um die gleichen handelt, die wir zum Einschalten der LEDs weiter vorne in diesem Kapitel genutzt haben.

```
root@beaglebone:~# echo 44 > /sys/class/gpio/export
root@beaglebone:~# echo out > /sys/class/gpio/gpio44/direction
root@beaglebone:~# echo 1 > /sys/class/gpio/gpio44/value
```

2. Wenn die Lampe eingeschaltet wird, wissen Sie, dass der Schaltkreis korrekt aufgesetzt ist. Prüfen Sie anderenfalls, ob die Lampe selbst eingeschaltet ist, ob der PowerSwitch Tail korrekt angeschlossen wurde und ob Sie die Befehle richtig angegeben haben.

 Wenn Sie den Fehler „write error: Device or resource busy" erhalten, haben Sie vermutlich vergessen, am Ende von „Input" auf Seite 40 den Export von Pin 44 zurückzunehmen. Achten Sie darauf, dass Sie die dort angegebenen unexport-Befehle ausführen, bevor Sie mit dem aktuellen Projekt fortfahren.

3. Jetzt nehmen Sie den Export des Pins wieder zurück.

```
root@beaglebone:~# echo 44 > /sys/class/gpio/unexport
```

Die Shell-Skripten erstellen

Mit einem *Shell-Skript* können Sie mehrere Befehle auf einmal ausführen. Solche Skripten können sehr leistungsfähig und komplex werden, aber es gibt auch ganz einfache, die sich genauso leicht schreiben lassen, wie die einzelnen Anweisungen an der Befehlszeile.

1. Mit cd wechseln Sie in Ihr Home-Verzeichnis (denken Sie an die Abkürzung ~ für Ihr Home-Verzeichnis), dann erstellen Sie eine neue Datei namens lightOn.sh für das Shell-Skript:

```
root@beaglebone:~# cd ~
root@beaglebone:~# nano lightOn.sh
```

2. Der Texteditor nano wird gestartet. Geben Sie den folgenden Code ein:

```
#!/bin/bash ❶
echo 44 > /sys/class/gpio/export ❷
echo out > /sys/class/gpio/gpio44/direction ❸
echo 1 > /sys/class/gpio/gpio44/value ❹
```

❶   Diese Zeile ist für alle Shell-Skripten erforderlich.
❷   Exportiere Pin 44.
❸   Der Pin ist ein Output-Pin.
❹   Setze den Pin auf High.

 Zum Bearbeiten von Textdateien gibt es sehr viele Möglichkeiten, wie zum Beispiel vi, emacs oder pico. Trotz des Risikos, einen Editor-Streit vom Zaun zu brechen, gebe ich zu, dass ich nano bevorzuge, denn er lässt sich am einfachsten nutzen.

3. Drücken Sie Strg-X und geben Sie „y" ein, um die Datei abzuspeichern, wenn Sie danach gefragt werden.
4. Erstellen Sie mit nano eine weitere Datei namens lightOff.sh mit den folgenden Codezeilen:

```
#!/bin/bash
echo 0 > /sys/class/gpio/gpio44/value ❶
echo 44 > /sys/class/gpio/unexport ❷
```

❶   Setzt den Pin auf Low.
❷   Nimmt das Exportieren des Pins zurück.

5. Drücken Sie Strg-X und geben Sie „y" ein, wenn Sie danach gefragt werden.
6. Damit beide Skripten auch ausführbar werden, geben Sie folgende Befehle ein:

```
root@beaglebone:~# chmod +x lightOn.sh
root@beaglebone:~# chmod +x lightOff.sh
```

7. Wenn Sie jetzt ./lightOn.sh aufrufen, sollte das Licht zu leuchten beginnen und mit ./lightOff.sh sollte es wieder dunkel werden. (Dazu müssen Sie sich allerdings in Ihrem Home-Verzeichnis befinden.)

Die Skripten zu festen Uhrzeiten aufrufen

Wir werden den zu Linux gehörenden Scheduler cron nutzen, um damit die Lampe um 19 Uhr ein- und um 4 Uhr morgens wieder auszuschalten.

1. Geben Sie an der Befehlszeile die folgende Anweisung ein, um Ihre crontab (die Einstellungstabelle für cron) mit nano zu bearbeiten (mit EDITOR=nano wird crontab angewiesen, statt des Standard-Systemeditors – im Allgemeinen vi – nano zu verwenden):

```
root@beaglebone:~# EDITOR=nano crontab -e
```

2. Ergänzen Sie folgende Zeile am Dateiende:

```
0 19 * * * /home/root/lightOn.sh
0 4 * * * /home/root/lightOff.sh
```

3. Drücken Sie Strg/Ctrl-X und geben Sie „y" ein, um die Datei vor dem Schließen zu speichern.
4. Wenn der aktuelle Zeitpunkt zwischen 19.00 und 4.00 Uhr liegt, müssen Sie *lightOn.sh* manuell ausführen, damit *lightOff.sh* keinen Fehler zurückgibt, wenn es um 4.00 Uhr morgens ausgeführt wird

Ein Crashkurs in Cron

Die Syntax der crontab mag auf den ersten Blick ein wenig seltsam aussehen, aber es ist gar nicht so kompliziert. Der Cron-Scheduler ermöglicht Ihnen, Befehle ein Mal pro Minute, aber auch nur einmalig viele Jahre in der Zukunft auszuführen. Jeder crontab-Eintrag befindet sich in seiner eigenen Zeile und er besteht aus fünf durch Leerzeichen getrennte Einstellungen (manchmal sechs, wenn man auch Jahre angeben möhte), auf die (wieder durch ein Leerzeichen separiert) der auszuführende Befehl folgt (siehe Tabelle 4-1).

Tabelle 4-1. *Cron-Eintrag zum Einschalten des Lichts*

0	19	*	*	*	**/home/root/ lightOn.sh**
Minute (:00)	Stunde	Jeden Tag	Jeden Monat	Jeden Wochentag	Pfad zum Befehl

Nehmen wir einmal an, Sie möchten alle fünf Minuten einen bestimmten Befehl ausführen. In Tabelle 4-2 sehen Sie, wie der entsprechende Eintrag aussähe.

Wenn Sie möchten, dass ein Befehl jede Woche Montag und Donnerstag ausgeführt wird, dann sieht der entsprechende Eintrag wie in Tabelle 4-3 aus.

Um einen Befehl in einem bestimmten Jahr (oder in mehreren) auszuführen, können Sie noch eine weitere „Spalte" nach der Angabe für den Wochentag einfügen.

Tabelle 4-2. *Eine Aktion alle fünf Minuten ausführen*

*/5	*	*	*	*	/home/root/ blinkLED.sh
Alle 5 Minuten	Jede Stunde	Jeden Tag	Jeden Monat	Jeden Wochentag	Pfad zum Befehl

Tabelle 4-3. *Eine Aktion jeden Montag und Donnerstag um 8.00 Uhr ausführen*

0	8	*	*	MON,THU	/home/root/ takeOutTrash.sh
Minute :00	Stunde	Jeden Tag	Jeden Monat	Montag und Donnerstag	Pfad zum Befehl

Wenn Sie die Steuerung der Lampe anpassen möchten, müssen Sie sich nur an Ihrem BeagleBone anmelden und die crontab verändern. Sie könnten sogar Ihren Router so konfigurieren, dass er auch von außen angesprochen werden kann (aber setzen Sie dafür auf jeden Fall ein Passwort!). In Kapitel 6 werden wir uns mit Internet-Projekten befassen.

5/Pin-Steuerung
mit Python

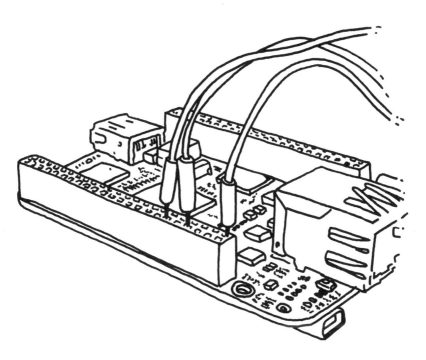

Eine der Stärken von Embedded Linux-Plattformen wie dem BeagleBone besteht in der Möglichkeit, sich seine Programmiersprache selbst
auswählen zu können. In vielen anderen Fällen
bedeutet die Entscheidung für eine Hardware-
Plattform auch gleich die Festlegung auf eine bestimmte Sprache und Entwicklungsumgebung.
Das ist gerade beim BeagleBone eben nicht der

Fall. Nachteil der Flexibilität ist aber der, dass es viele verschiedene Wege gibt, das gleiche Ziel zu erreichen. In diesem Kapitel werden Sie einen dieser Wege kennenlernen, per Code auf die Pins auf dem Board zuzugreifen.

Wenn Sie Code für einen Mikrocontroller wie den Arduino schreiben, entsteht dieser Code meist auf Ihrem Computer. Dort kompilieren Sie ihn auch, um das Ergebnis dann auf den Mikrocontroller hochzuladen. Bei einem Embedded Linux System wie dem BeagleBone sind Compiler oder Interpreter auf dem Board selbst vorhanden. Dieses Kapitel wird Ihnen zeigen, wie Sie mit dem Python-Interpreter auf dem BeagleBone die Pins so programmieren können, dass sie sich nach Ihren Wünschen verhalten.

Python (Abbildung 5-1) ist eine leistungsfähige Programmiersprache, die sich trotzdem auch gut für Einsteiger eignet. Der Code ist recht leicht zu verstehen und es stehen viele Bibliotheken zur Verfügung, die bei komplexen Aufgaben hilfreich sind. So werden Sie zum Beispiel die BeagleBone IO Python Library *(https://github.com/adafruit/adafruit-beaglebone-io-python)* von Adafruit nutzen, um beim Auslesen und Setzen der GPIO-Pins Unterstützung zu erhalten.

Wenn Sie mit Python noch so gar nicht vertraut sind, machen Sie sich keine Sorgen. Sie werden anhand der Beispiele in diesem Kapitel lernen, wie Sie es einsetzen, um auf die Pins zuzugreifen. Ich werde auch auf andere Quellen verweisen, die Sie zum Arbeiten mit Python nutzen können, wenn Sie tiefer in die Sprache einsteigen möchten.

Abbildung 5-1. *Das Python-Logo*

Die BeagleBone IO Python Library von Adafruit installieren

Ohne weitere Vorbereitung bietet der BeagleBone nicht viele Möglichkeiten, die Pins auf dem Board via Python anzusprechen. So wie in Kapitel 4 beschrieben ist es auch mit Python möglich, die GPIO-Dateien im virtuellen Linux-Dateisystem manuell zu lesen und zu schreiben. Allerdings dauert das. Zum Glück haben die netten Entwickler bei Adafruit eine Open-Source-Bibliothek für Python geschrieben, damit auf die Pins zugegriffen werden kann. Ich mag besonders diese Bibliothek, weil sie sich an den Konventionen der beliebten RPi.GPIO-Python-Bibliothek orientiert, die der Raspberry Pi mitbringt. Wenn Sie ein Projekt in Python für den Raspberry Pi geschrieben haben, ist es damit nicht so aufwändig, es auf den BeagleBone zu portieren.

Bevor Sie irgendetwas anderes tun, müssen Sie mit opkg einige Python-Tools installieren. Lassen Sie an der Befehlszeile zunächst die Paketliste auf den neuesten Stand bringen. Wie schon in Kapitel 3 erwähnt ist es eine gute Idee, diesen Schritt vor jedem Aktualisieren oder Installieren von Software durchzuführen:

```
root@beaglebone:~# opkg update
```

Dann installieren Sie die Pakete python-pip, python-setuptools und python-smbus:

```
root@beaglebone:~# opkg install python-pip python-setuptools python-smbus
```

Mit dem Paket-Management-Tool pip von Python können Sie nun die Bibliothek von Adafruit installieren:

```
root@beaglebone:~# pip install Adafruit_BBIO
```

Um die Installation zu testen, rufen Sie den Python-Interpreter im interaktiven Modus auf:

```
root@beaglebone:~# python
```

In diesem Modus können Sie Python-Code direkt eingeben. Durch Drücken der Eingabetaste wird er dann ausgewertet. Am Prompt >>> geben Sie den nachfolgend angeführten Befehl ein, um die Bibliothek zu importieren (achten Sie auf Groß- und Kleinschreibung). Wenn Sie keine Fehlermeldung erhalten, ist alles gut gelaufen.

```
Python 2.7.3 (default, May 29 2013, 21:25:00)
[GCC 4.7.3 20130205 (prerelease)] on linux2
Type "help", "copyright", "credits" or "license" for more information.
>>> import Adafruit_BBIO
>>>
```

Sie können nun den Python-Interpreter mit der Funktion quit() beenden:

```
>>> quit()
root@beaglebone:~#
```

Eine LED mit Python blinken lassen

In Kapitel 4 haben wir jeweils eigene Befehle genutzt, um die LED an- und wieder auszuschalten. Wir haben sie gar nicht wirklich in einer regelmäßigen Frequenz blinken lassen. Mit Python können Sie nun eine Endlos-Schleife erstellen, um die LED aus- und wieder anzuschalten, bis Sie das Skript beenden. Lassen Sie uns das nun einmal ausprobieren.

Die LED anschließen

In diesem Tutorial werden wir die gleichen Pins und die gleiche Verkabelung verwenden wie in Kapitel 4. In „Mit einer LED verbinden" auf Seite 35 ist beschrieben, wie eine LED mit Pin 12 der Steckleiste P8 verbunden wird (siehe Abbildung 5-2).

Abbildung 5-2. *Eine LED mit dem GPIO-Pin 12 der Steckleiste P8 verbinden (GPIO 44)*

Den Code schreiben

Nutzen Sie in Ihrem Home-Verzeichnis den gewünschten Texteditor, um eine neue Datei namens *blink.py* zu öffnen. In Nano gehen Sie dazu folgendermaßen vor:

```
root@beaglebone:~# nano blink.py
```

Zurück zum GUI

Wenn Sie mit den Textdateien lieber in einer grafischen Benutzeroberfläche auf Ihrem eigenen Computer arbeiten, brauchen Sie sich nicht zu grämen. Wenn Sie sich mit Ihrem BeagleBone per SSH verbinden, können Sie auch SFTP verwenden. Auf diese Weise können Sie recht einfach Dateien auf Ihren Computer übertragen, sie bearbeiten und dann wieder zurück auf den BeagleBone laden. Mein Lieblings-FTP-Client Transmit ermöglicht mir sogar das direkte Bearbeiten der Dateien in einem Texteditor mit anschließendem automatischen Hochladen, wenn ich auf Sichern klicke.

Sie können auch eine Tastatur, eine Maus und einen Monitor anschließen und die GUI des BeagleBone verwenden, um Dateien zu bearbeiten und auszuführen (siehe Kapitel 8).

Verwenden Sie den Code aus Beispiel 5-1 als Inhalt für Ihre Datei.

Beispiel 5-1. *Quellcode für blink.py*

```
#!/usr/bin/python ❶

import Adafruit_BBIO.GPIO as GPIO ❷
import time ❸

GPIO.setup("P8_12", GPIO.OUT) ❹

while True: ❺
    GPIO.output("P8_12", GPIO.HIGH) ❻
    time.sleep(1) ❼
    GPIO.output("P8_12", GPIO.LOW) ❽
    time.sleep(1) ❾
```

❶ Das System darüber informieren, dass beim direkten Ausführen der Datei Python genutzt werden soll.

❷ Funktionen aus der GPIO-Bibliothek von Adafruit verwenden, die dabei mit dem Präfix GPIO angesprochen werden.

❸ Die Zeitfunktionen von Python nutzen, zum Beispiel sleep.

❹ Pin 12 der Steckleiste P8 als Output-Pin verwenden.

❺ Eine Endlos-Schleife mit dem nachfolgenden Code starten.

❻ Pin 12 der Steckleiste P8 auf High setzen.

❼ Eine Sekunde warten.

❽ Pin 12 der Steckleiste P8 auf Low setzen.

❾ Eine Sekunde warten.

Einrücken zählt!

Anders als bei vielen anderen Sprachen ist das Einrücken hier wichtig. Der Python-Interpreter erkennt dadurch zum Beispiel, welche Teile zur Schleife gehören. Sie können Leerzeichen oder Tabs nutzen, solange Sie sich in Ihrem Code für eine der beide Möglichkeiten entscheiden.

Nachdem Sie die Datei gespeichert haben und zur Befehlszeile zurückgekehrt sind, nutzen Sie Python, um das Skript auszuführen:

```
root@beaglebone:~# python blink.py
```

Wenn Sie eine blinkende LED sehen, haben Sie alles richtig gemacht. Wenn nicht, prüfen Sie die angezeigten Fehlermeldungen und vergleichen Sie Ihren Code mit dem oben angegebenen. Dieses Skript enthält eine Endlos-Schleife, so dass Sie es nur verlassen können, indem Sie `Strg/Ctrl-C` drücken.

Python wertet den Code Zeile für Zeile aus. Dabei wird am Anfang des Skripts begonnen. Wenn die Zeile mit `while True:` erreicht wird, weiß Python, dass es den darunter liegenden, eingerückten Code immer und immer wieder ausführen soll. Die while-Anweisung kann auch genutzt werden, um Bedingungen abzufragen. Wenn Sie zum Beispiel ein Spiel entwickeln, in dem der Charakter mehrere Leben besitzt, können Sie den Code für den eigentlichen Spielablauf unter eine Zeile mit dem Inhalt `while lives_left > 0:` packen. Solange die Bedingung zu true ausgewertet wird, wird auch der nachfolgende Code ausgeführt – darum läuft `while True:`, bis Sie es stoppen. Wir teilen dem Python-Interpreter mehr oder weniger Folgendes mit: „Lasse die LED blinken, solange true gleich true ist."

Ausführbare Skripten

Ihnen ist vielleicht die erste Zeile von *blink.py* aufgefallen:

```
#!/usr/bin/python
```

Das sieht vertraut aus, denn es ähnelt der ersten Zeile des Bash-Skripts, das wir in Kapitel 4 für den zeitgesteuerten Lichtschalter genutzt haben. Diese Zeile teilt dem System den Speicherort des Python-Interpreters mit, der Ihren Code ausführen soll. Wenn Sie also diesen Code ohne eine Eingabe von „python" starten möchten, können Sie *blink.py* ausführbar machen. Geben Sie an der Befehlszeile die folgende Anweisung ein:

```
root@beaglebone:~# chmod +x blink.py
```

Solange Sie sich jetzt im gleichen Verzeichnis wie die Datei befinden, können Sie Ihren Code einfach durch diese Eingabe ausführen:

```
root@beaglebone:~# ./blink.py
```

 Das „./" vor dem Skriptnamen zeigt an, dass Sie sich explizit auf die ausführbare Datei im aktuellen Arbeitsverzeichnis beziehen. Beim Starten von Dateien müssen Sie explizit ihre Position angeben, sofern Sie das Skript nicht in ein Verzeichnis verschoben haben, das sich in Ihrem *Path* befindet. Sie werden gleich noch mehr dazu lesen.

Wenn *blink.py* unabhängig von Ihrem aktuellen Arbeitsverzeichnis ausgeführt werden soll, verschieben Sie es am besten an einen Ort, der sich in Ihrem *Path* befindet. Wenn eine ausführbare Datei in einem Verzeichnis aus Ihrem Path abgelegt ist, kann sie von jedem Ort des Dateisystems aus aufgerufen werden (Sie geben einfach den Dateinamen an). Um die Verzeichnisse anzeigen zu lassen, die sich in Ihrem Pfad befinden, führen Sie den folgenden Befehl aus (den Sie hier mit einer Beispielausgabe sehen):

```
root@beaglebone:~# echo $PATH
/usr/local/bin:/usr/bin:/bin:/usr/local/sbin:/usr/sbin:/sbin
```

Das erste Verzeichnis aus dem Path, */usr/local/bin*, ist ein guter Ort, um Ihr Skript abzulegen, denn dort können die Anwender ihre Programme unterbringen, die nicht Teil der Standard-Distribution sind. (Sie legen Dateien dort auf eigene Gefahr ab, denn sie werden eventuell durch ein Update oder ein neu installiertes Paket überschrieben.) Eventuell ist dieses Verzeichnis aber noch gar nicht vorhanden. Das lässt sich problemlos nachholen:

```
root@beaglebone:~# mkdir /usr/local
root@beaglebone:~# mkdir /usr/local/bin
```

Sie können auch beide Verzeichnisse in einem Schritt durch den Einsatz der Option *-p* von mkdir anlegen:

```
root@beaglebone:~# mkdir -p /usr/local/bin
```

Nun können Sie Ihr Skript in diesen Ordner verschieben:

```
root@beaglebone:~# mv blink.py /usr/local/bin
```

Versuchen Sie jetzt einmal, in ein anderes Verzeichnis zu wechseln und *blink.py* auszuführen:

```
root@beaglebone:~# cd /home
root@beaglebone:/home# blink.py
```

Wenn alles richtig gemacht wurde, sollte das Skript nun ausgeführt werden!

Einen Taster mit Python auslesen

In Kapitel 4 haben Sie den Status eines Tasters durch das Auslesen der Datei *value* ermittelt, dann aber das Ergebnis nicht weiter verwendet. Mit Python ist es einfach, den Status eines Eingangs-Elements zu ermitteln und dann davon abhängig Code auszuführen.

Den Taster anschließen

In diesem Tutorial werden wir die gleichen Pins und Verbindungen wie in Kapitel 4 nutzen. In „Input" auf Seite 40 ist beschrieben, wie Sie einen Taster mit Pin 11 der Steckleiste P8 verbinden.

Den Code schreiben

Erstellen Sie in Ihrem Home-Verzeichnis eine neue Datei (so wie in „Eine LED mit Python blinken lassen" auf Seite 52), dieses Mal mit dem Namen *button.py*. Tragen Sie dort den Code aus Beispiel 5-2 ein.

Beispiel 5-2. *Quellcode für button.py*

```
#!/usr/bin/python

import Adafruit_BBIO.GPIO as GPIO
import time

GPIO.setup("P8_11", GPIO.IN) ❶

while True:
    if GPIO.input("P8_11"): ❷
        print "Die Taste wurde gedrückt!" ❸
    time.sleep(.01) ❹
```

❶ Pin 11 der Steckleiste P8 als Input-Pin definieren.

❷ Den Wert von Pin 11 auslesen. Ist er High, dann wird der nachfolgende, eingerückte Code ausgeführt.

❸ Eine Nachricht im Terminalfenster ausgeben.

❹ Vermeiden Sie es, den Prozessor des BeagleBone zu sehr zu belasten, und bauen Sie nach dem Auslesen eines Pins eine kurze Pause ein (denn anderenfalls wäre die CPU dauerhaft voll ausgelastet).

Probieren wir den Code aus, bevor wir uns mit seinen Details befassen:

```
root@beaglebone:~# python button.py
```

Wenn Sie nun den Taster drücken, sollten auf dem Bildschirm „Die Taste wurde gedrückt!" ausgegeben werden – eventuell ein paar Mal. Warum das? Der eingerückte Code nach `while True:` wird in sehr schneller Abfolge immer wieder ausgeführt. Jedes Mal prüft er, ob die Taste gedrückt wurde und gibt in diesem Fall den Text aus.

Dieser Codeblock würde sogar *noch häufiger* ausgeführt werden, wenn es da nicht die Zeile `time.sleep(.01)` gäbe. Ohne sie würde der Prozessor des BeagleBone den Status so oft abfragen, wie es ihm möglich wäre. Da wir aber eine Plattform verwenden, bei der der Prozessor auch von anderen Programmen genutzt wird, sollte man sich immer überlegen, wie sehr man den Prozessor für sich beansprucht. Wir müssen den Status des Tasters gar nicht so häufig abfragen, wie es der Prozessor erlauben würde. Wir müssen nur so häufig prüfen, dass unser Programm nicht verzögert reagiert.

Wenn ein einzelner Tastendruck nicht mehrfach erkannt werden soll, gibt es einige Möglichkeiten, dies zu vermeiden. So können Sie zum Beispiel das Python-Skript aufhalten, bis die Taste wieder losgelassen wird, wie dies im Code in Beispiel 5-3 der Fall ist.

Beispiel 5-3. *Den Prozess aufhalten, bis die Taste losgelassen wird.*

```
#!/usr/bin/python

import Adafruit_BBIO.GPIO as GPIO
import time

GPIO.setup("P8_11", GPIO.IN)

while True:
        if GPIO.input("P8_11"):
                print "Die Taste wurde gedrückt!"
                while GPIO.input("P8_11"): ❶
                        time.sleep(.01) ❷
                print "Die Taste wurde losgelassen!"
        time.sleep(.01)
```

❶   Solange die Taste noch gedrückt ist, …

❷   … verbleibe in der Schleife und prüfe weiter alle 0,01 Sekunden.

Man kann sich auch die *Änderungen* des Werts eines digitalen Input-Pins anschauen. Dann wird im Code geprüft, ob ein Pin von Low zu High (steigend) oder umgekehrt (fallend) wechselt. Solche Situationen nennt man *Interrupts*. In Beispiel 5-4 finden Sie Code mit einem ähnlichen Effekt wie der aus Beispiel 5-3, nur werden Interrupts genutzt, statt immer wieder den Status der Taste abzufragen.

Beispiel 5-4. *Mit Interrupts erkennen, ob die Taste gedrückt oder losgelassen wurde.*

```
#!/usr/bin/python

import Adafruit_BBIO.GPIO as GPIO
import time

GPIO.setup("P8_11", GPIO.IN)

while True:
    GPIO.wait_for_edge("P8_11", GPIO.RISING) ❶
    print "Die Taste wurde gedrückt!"
    GPIO.wait_for_edge("P8_11", GPIO.FALLING) ❷
    print "Die Taste wurde losgelassen!"
```

❶ Warte, bis die Taste von Low zu High wechselt.
❷ Warte, bis die Taste von High zu Low wechselt.

Analoge Input-Werte lesen

Bisher haben wir nur mit digitalen Input- und Output-Signalen gearbeitet – also nur „An" und „Aus", gedrückte Taste oder nicht gedrückte Taste, aber nichts dazwischen. Das Gleiche gilt für die LED – wir haben immer nur „High" oder „Low" gesetzt, keinen anderen Wert irgendwo dazwischen. Manchmal soll aber unter Umständen auch ein Input-Wert ausgelesen werden, der aus einem umfangreichen Wertebereich stammt – eine Temperatur, die Helligkeit oder der Drehwinkel eines Rades. Der BeagleBone besitzt eine Reihe von Pins, die als analoge Input-Pins genutzt werden können, um solche Werte von entsprechenden Sensoren zu ermitteln.

Wie alle Computer ist der BeagleBone auf ein digitales Umfeld ausgerichtet, so dass Werte analoger Sensoren in die digitalen Pendants umgewandelt werden müssen. Der Teil des BeagleBone, der hierfür zuständig ist, heißt *Analog-nach-Digital-Konverter* oder *ADC*. Der ADC auf dem BeagleBone ermöglicht Ihnen, Werte zwischen 0 V und 1,8 V umzuwandeln (eine Gegenüberstellung von analog und digital finden Sie in Abbildung 5-3).

Um einen dieser analogen Input-Pins auszuprobieren, werden wir ein *Potentiometer* oder *Poti* verwenden, das sich wie ein variabler Spannungsteiler verhält. Hiermit steht ein Drehregler zur Verfügung, mit dem wir die Spannung festlegen können, die den analogen Input-Pin erreicht. Folgende Komponenten werden benötigt:

• Steckplatine
• Verbindungskabel
• 2kΩ-Potentiometer

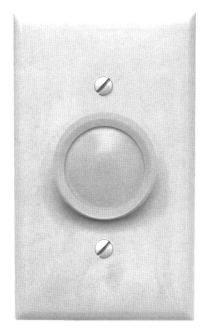

Abbildung 5-3. *Der Schalter links ist digital: er kann nur An oder Aus sein. Der Dimmer rechts is analog: er kann An oder Aus sein sowie einen Wert dazwischen annehmen.*

Achten Sie bei den folgenden Schritten sorgfältig darauf, dass Sie die angegebene Spannung und die richtigen Masse-Pins für den Analog-nach-Digital-Konverter nutzen (siehe Abbildung 5-5). Da nur bis zu 1,8 V umgewandelt werden können, kann das Verwenden anderer Pins Ihr Board dauerhaft beschädigen.

Ein Potentiometer anschließen

1. Beginnen Sie mit einer leeren Steckplatine und verbinden Sie mit einem Kabel Pin 34 der Steckleiste P9 mit der Masseleiste Ihrer Steckplatine. Es handelt sich hierbei um den Masse-Pin, der explizit für den ADC gedacht ist.

2. Verbinden Sie mit einem weiteren Kabel Pin 32 der Steckleiste P9 mit der positiven Leiste Ihrer Steckplatine. Dies ist der Pin, der 1,8 V liefert.

3. Stecken Sie das 2kΩ-Potentiometer wie in Abbildung 5-4 gezeigt in die Steckplatine.

Abbildung 5-4. *Ein Potentiometer mit Pin 32 der Steckleiste P9 verbinden*

4. Von den drei Anschlüssen des Potentiometers verbinden Sie den mittleren mit Pin 33 der Steckleiste P9. Dieser Pin ist einer der sieben analogen Input-Pins.

5. Verbinden Sie einen der äußeren Anschlüsse des Potis mit der positiven Leiste.

6. Verbinden Sie den verbleibenden Anschluss mit der Masse-Leiste.

Den Code schreiben

Erstellen Sie eine neue Datei namens *potentiometer.py* und fügen Sie dort den Code aus Beispiel 5-5 ein.

Beispiel 5-5. *Quellcode für potentiometer.py*

```
#!/usr/bin/python
import Adafruit_BBIO.ADC as ADC ❶
import time

ADC.setup() ❷
```

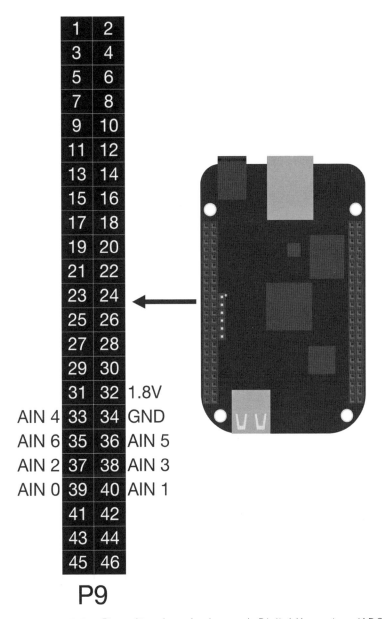

Abbildung 5-5. *Pins für den Analog-nach-Digital-Konverter (ADC) (BeagleBone-Illustration stammt von Adafruit Fritzing Library)*

```
while True:
    print ADC.read("P9_33") ❸
    time.sleep(.5)
```

❶ Ermöglicht den Einsatz von Funktionen aus der ADC-Bibliothek von Adafruit, indem man sie über das Präfix ADC anspricht.

❷ Setzt die Pins, die als analoge Input-Pins genutzt werden sollen.

❸ Gibt den Wert des analogen Input-Pins 33 der Steckleiste P9 aus.

Führen Sie das Skript aus und beobachten Sie, was am Terminal angezeigt wird, wenn Sie am Poti drehen:

```
root@beaglebone:~# python potentiometer.py
0.00333333341405
0.00388888898306
0.753888905048
0.997777760029
0.997777760029
0.997777760029
0.996666669846
0.484444439411
0.348333328962
0.101666666567
0.00277777784504
0.00388888898306
0.00277777784504
0.00222222227603
0.00277777784504
```

Die Funktion `ADC.read("P9_33")` liefert die Spannung zurück, die an Pin 33 anliegt – in einem Bereich von 0 bis 1. Wenn Sie also den wirklichen Wert in V erhalten möchten, müssen Sie hier jeweils mit 1,8 multiplizieren. In Beispiel 5-6 wird der Wert von Pin 33 mit 1,8 multipliziert und dann in einer Variablen namens value abgelegt. Diese Zahl wird auf zwei Stellen nach dem Komma gerundet (damit die Ausgabe besser aussieht) und im Terminal angezeigt.

Beispiel 5-6. *Quellcode für potentiometer.py mit veränderter Spannungsausgabe*

```
#!/usr/bin/python
import Adafruit_BBIO.ADC as ADC
import time

ADC.setup()

while True:
    value = ADC.read("P9_33") * 1.8 ❶
```

```
print round(value, 2) ❷
time.sleep(.5)
```

❶ Liest den Wert von Pin 33, multipliziert ihn mit 1,8 und speichert ihn in der Variablen value

❷ Rundet value auf zwei Stellen nach dem Komma und gibt den Wert dann im Terminal aus

Führen Sie den Code aus Beispiel 5-6 jetzt aus, um sich die echte Spannung statt des skalierten Werts ausgeben zu lassen.

```
root@beaglebone:~# python potentiometer.py
1.8
1.8
1.8
1.8
1.76
1.44
1.35
1.35
1.35
1.12
0.88
0.88
0.87
0.45
0.4
0.4
0.0
0.0
```

Es gibt viele analoge Sensoren, die Abstände, Temperaturen, Beschleunigungen, Richtungen und anderes messen. Sie finden auch Touch-Oberflächen von Game-Controllern, die sich wie analoge Sensoren verhalten. Durch die Möglichkeit, analoge Input-Werte verarbeiten zu können, ist der Beagle-Bone prädestiniert für so viele verschiedene kreative Hardware-Projekte.

Analoger Output (PWM)

Als Sie mit der digitalen Ausgabe des BeagleBone experimentiert haben, ließen Sie eine LED leuchten und wieder erlöschen. Wenn Sie die LED so herunterregeln möchten, dass sie irgendwo zwischen ganz an und ganz aus leuchtet, können Sie die Methode der *Pulsweitenmodulation* oder PWM nutzen. Es gibt acht PWM-Kanäle, die sich auf dem BeagleBone nutzen lassen, wobei jeder Kanal mit bestimmten Pins verbunden ist (siehe Tabelle 5-1).

Tabelle 5-1. *PWM-Kanäle und die zugehörigen Pins. Mit einem Stern verse-hene Pins werden auf dem BeagleBone Black für die HDMI-Ausgabe genutzt.*

PWM-Kanal	zugehörige Pins
EHRPWM 0A	P9_22, P9_31
EHRPWM 0B	P9_21, P9_29
EHRPWM 1A	P8_36*, P9_14
EHRPWM 1B	P8_34*, P9_16
EHRPWM 2A	P8_19, P8_45*
EHRPWM 2B	P8_13, P8_46*
ECAPPWM2	P9_28
ECAPPWM0	P9_42

Sie müssen die Namen der PWM-Kanäle nicht kennen, da die BeagleBone IO Python Library von Adafruit Ihnen ermöglicht, sie über die Pin-Nummern anzusprechen. Aber berücksich-tigen Sie trotzdem Folgendes: Da einige Pins den gleichen PWM-Kanal nutzen, führt eine Änderung an einem Pin dazu, dass auch die anderen „gemeinsamen" Pins geändert wer-den.

Die Pulsweitenmodulation ist eine Möglichkeit, einen Pin in sehr schneller Abfolge ein- und auszuschalten, damit es so wirkt, als würde weniger Span-nung anliegen. Wenn diese Frequenz zum Beispiel ein Zweitausendstel einer Sekunde beträgt, ist der Pin die Hälfte der Zeit High und die andere Low, so dass es so wirkt, als ob die halbe Spannung anliegt. Die Zeitdauer, während der am Pin High anliegt, wird auch als *Einschaltrate* bezeichnet. Sie kann irgendwo zwischen 0 (komplett aus) und 100 (komplett an) liegen.

Wenn Sie PWM mit einer LED bei weniger als 100% Einschaltrate verwen-den, wird diese schwächer und schwächer leuchten, bis sie bei entsprechen-der Annäherung an 0 erlischt. PWM wird nicht nur für LEDs genutzt, son-dern auch zum Steuern von Motoren, Servos oder sogar zur Tonerzeugung mit einem Lautsprecher. Im folgenden Beispiel gehen wir aber den einfa-chen Weg und blenden eine LED aus.

Die LED anschließen

Verbinden Sie eine LED mit dem BeagleBone, ähnlich wie in „Mit einer LED verbinden" auf Seite 35 gezeigt. Schließen Sie sie dieses Mal aber an Pin 13 der Steckleiste P8 an – es handelt sich dabei um einen der GPIO-Pins, der PWM unterstützt.

Den Code schreiben

Erstellen Sie in Ihrem Home-Verzeichnis eine neue Datei (auf dem gleichen Weg wie in „Eine LED mit Python blinken lassen" auf Seite 52 beschrieben) mit dem Namen *pwm.py*. Fügen Sie dort den Code aus Beispiel 5-7 ein.

Beispiel 5-7. *Quellcode für pwm.py*

```
#!/usr/bin/python

import Adafruit_BBIO.PWM as PWM ❶
import time

PWM.start("P8_13", 0) ❷

for i in range(0, 100): ❸
    PWM.set_duty_cycle("P8_13", float(i)) ❹
    time.sleep(.1)

PWM.stop("P8_13") ❺
PWM.cleanup()❻
```

❶ Ermöglicht den Einsatz von Funktionen aus der PWM-Bibliothek von Adafruit unter dem Präfix PWM.

❷ Nutze PWM für Pin 13 der Steckleiste P8 und setze die Einschaltzeit auf 0.

❸ Durchlaufe den nachfolgenden eingerückten Code, zähle von 0 bis 100 und speichere den betreffenden Wert in i.

❹ Setze die Einschaltzeit für Pin 13 der Steckleiste P8 auf den Wert von i, der mit jedem Durchlaufen der Schleife um 1 erhöht wird.

❺ Beende das „Pulsieren" des Pin 13 der Steckleiste P8.

❻ Deaktiviere PWM für alle Pins.

Sichern Sie die Datei und führen Sie sie an der Befehlszeile aus:

```
root@beaglebone:~# python pwm.py
```

Beobachten Sie jetzt die LED. Sie sollte sich langsam von ganz dunkel zu ganz hell ändern. Experimentieren Sie mit dem Code. Passen Sie ihn so an, dass die LED langsam periodisch heller und dunkler wird – so als ob sie lebt!

Wie geht es weiter?

In diesem Kapitel haben wir uns mit den Grundlagen der Programmierung von Input- und Output-Pins mittels Python beschäftigt. Ein interessantes Projekt geht natürlich normalerweise weit über einen einfachen Taster und eine LED hinaus. Hoffentlich können Sie das in diesem Kapitel Gelernte auf Ihre eigenen kreativen Objekte übertragen!

Wenn Sie mehr über Python erfahren möchten, empfehle ich *Learn Python The Hard Way (http://learnpythonthehardway.org/book/)*, ein kostenloses Online-Buch, in dem die Grundlagen von Python umfassend dargestellt sind.

6/Python-Projekte und das Internet

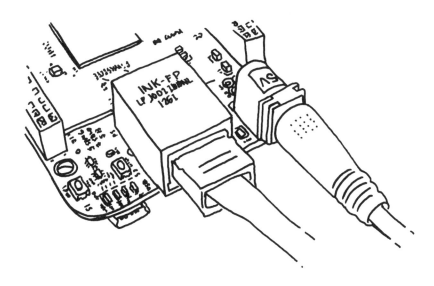

Mit einer Verbindung zum Internet und den ganzen GPIO-Pins, die Ihnen zur Verfügung stehen, ist der BeagleBone eine fantastische Plattform, um Projekte für das *Internet of Things* aufzubauen – Projekte, die die reale Welt auf die eine oder andere Art und Weise mit dem Internet verbinden. Dazu lassen sich ganz verschiedene Beispiele anführen – eine E-Mail verschicken, wenn da draußen irgendetwas passiert, Sensor-Daten in die Cloud schieben oder sogar einen Roboter über eine webbasierte Schnittstelle steuern.

Im Projekt am Ende von Kapitel 2 habe ich erwähnt, dass Sie Ihre Router-Einstellungen ändern können, um per SSH das Licht einzuschalten oder die Zeitpläne zu ändern – wo auch immer Sie gerade sind. Ein Anmelden per SSH am BeagleBone mag dabei zwar Ihren Geek-Status erhöhen, ist allerdings nicht sonderlich elegant. Was, wenn Ihre weniger technikaffinen Mitbewohner die Einstellungen ändern möchten? Hoffentlich erwarten Sie nicht von ihnen, ein Terminal zu öffnen und die crontab-Datei des Beagle-Bone zu bearbeiten.

In diesem Kapitel zeige ich Ihnen ein paar Möglichkeiten, eine elegante Schnittstelle für Projekte aufzusetzen, die mit dem Internet verbunden sind. Zuerst geht es um das Einrichten von E-Mail-Benachrichtigungen für Ereignisse in der realen Welt. Dann werden Sie einen Webserver mit Python aufsetzen, so dass Sie eine webbasierte Schnittstelle für das Auslesen der Pin-Werte erhalten. Schließlich erstellen Sie noch ein einfaches Daten-Log, auf das Sie aus dem Web zugreifen können.

Eine E-Mail-Benachrichtigung senden

Nehmen wir an, die Kinder in Ihrer Familie lassen gerne einmal die Haustür offen stehen und Sie möchten eine E-Mail erhalten, wenn sie mehr als eine Minute offen ist. Mit der BeagleBone IO Python Library von Adafruit („Die BeagleBone IO Python Library von Adafruit installieren" auf Seite 50) und den E-Mail-Bibliotheken, die Python selbst mitbringt, lässt sich dies ohne viel Code realisieren. Bevor ich Ihnen zeige, wie Sie diese beiden Ressourcen miteinander verbinden, möchte ich Ihnen ein Grundelement von Python vorstellen – die *Funktion*.

Eine Funktion ist eine Möglichkeit, einen Codeblock zu kapseln, der eine bestimmte Aufgabe erfüllen soll. So gibt es vielleicht ein paar Codezeilen, die einen Temperatursensor auslesen und das Ergebnis in Grad Celsius ausgeben. Sie können den ganzen Code in einer Funktion mit dem Namen print-TemperatureInC() verpacken, so dass er sich mit nur einer Anweisung ausführen lässt. Außerdem können Sie eine Funktion schreiben, die einen Eingabewert in Celsius erwartet und diesen in Fahrenheit umrechnet. Die Eingabewerte einer Funktion werden als *Parameter* bezeichnet, die Ausgabewerte als *Rückgabewerte*.

Da wir ein paar Zeilen Code benötigen, um uns mit unserem Mailserver zu verbinden und die E-Mail abzuschicken, können wir diese in einer eigenen Funktion verpacken. Wenn wir unser Projekt weiter ausbauen und auch andere Benachrichtigungen verschicken möchten – zum Beispiel, weil der Wassernapf des Hundes leer ist – müssen wir den Code nicht an zwei Stellen schreiben, um uns mit dem Mailserver zu verbinden und die Mail abzuschicken. Es ist also, als ob wir Python sagen: „Schicke mir auf eine bestimmte Art und Weise eine E-Mail." Und wenn wir diesen Code benötigen, können wir Python sagen: „Okay, schick mir eine E-Mail mit der Betreff-Zeile ‚Achtung‘ und dem Mail-Text ‚Die Tür ist immer noch offen‘"

Funktionen in Python

Sie wussten es vielleicht noch nicht, aber wir haben in Kapitel 5 schon Funktionen eingesetzt. Sie gehörten alle zu den Basisfunktionen von Python oder zu den Funktionen aus Adafruits BeagleBone IO Python Library. So ruft zum Beispiel die Zeile GPIO.setup("P8_12", GPIO.OUT) eine Funktion auf, die von Adafruit geschrieben wurde, um das Setzen von Pin 12 der Steckleiste P8 als Output-Pin zu vereinfachen. Dazu sind eigentlich ein paar Schritte und damit auch einige Codezeile erforderlich. Die Adafruit-Bibliothek erleichtert uns den Zugriff, da wir nur eine Zeile Code benötigen. Wie Sie in Beispiel 6-1 sehen, ist es auch sehr einfach, selbst Funktionen zu schreiben.

Beispiel 6-1. *Quellcode für function.py*

```
def greet(name): ❶
    print "Hallo " + name + "! Willkommen in meinem Python-Skript!" ❷

greet("Andrew") ❸
```

❶ Definiere eine Funktion namens greet, die einen Parameter name erwartet.

❷ Gebe eine Grußnachricht an der Konsole aus, die den Wert von name nutzt.

❸ Rufe die Funktion mit dem Namen „Andrew" auf.

Wenn Sie den Code aus Beispiel 6-1 in eine Datei einfügen und diese dann ausführen, sollten Sie den Gruß am Bildschirm sehen. Versuchen Sie einmal, greeting() im Skript mehrfach mit verschiedenen Namen aufzurufen. Sie werden sehen, dass Sie den gleichen Code mit unterschiedlicher Ausgabe ganz einfach wiederverwenden können.

Alle Funktionsdefinitionen beginnen mit dem Schlüsselwort def, gefolgt vom Namen der Funktion, die Sie anlegen möchten. Innerhalb der Klammern können Sie jeden der *Parameter* oder Eingabewerte festlegen, die die Funktion übernehmen soll. Im obigen Beispiel erwartet die Funktion greet nur den einen Parameter name. Innerhalb der Funktion können wir auf den Wert dieses Parameters so zugreifen, wie wir es in der print-Anweisung getan haben.

Die E-Mail-Funktion

Beginnen wir damit, die Funktion zu schreiben, die sich um das Verschicken der E-Mail kümmert. Wir können diese Funktion schon testen, bevor wir uns im Projekt mit der Verbindung zur Umgebung befassen. Es ist sehr sinnvoll, die verschiedenen Teile Ihres Projekts voneinander unabhängig zu halten und sie zu testen, bevor Sie alles miteinander verbinden.

Achten Sie darauf, nicht kurz hintereinander dutzende E-Mails zu verschicken, denn sonst kann es passieren, dass Ihr E-Mail-Provider die Zustellung verzögert oder Ihren Account sogar ganz stilllegt. Am besten setzen Sie zum Testen einen eigenen E-Mail-Account auf, so dass der Zugriff auf Ihre normalen Mails nicht leidet. Wenn Sie Hunderte oder gar Tausende E-Mails verschicken müssen, sollten Sie nach einem Provider wie SendGrid *(http://sendgrid.com)* Ausschau halten, dessen Dienste Sie ab $10 pro Monat nutzen können.

Die Details zum SMTP-Server Ihres Mail-Providers, über den Sie die E-Mails verschicken, müssen Sie selbst ermitteln. Da Gmail so beliebt ist, habe ich deren Servernamen in Beispiel 6-2 genutzt. Der folgende Code basiert auf den Beispielen der Python-Site *(http://docs.python.org/2/library/email-examples.html)*. Erstellen Sie eine Datei mit dem Namen *emailer.py* und fügen Sie dort den Code aus Beispiel 6-2 ein (in Abbildung 6-1 finden Sie eine visuelle Darstellung des Ganzen).

Abbildung 6-1. *Die Funktion alertMe in Beispiel 6-2 erwartet eine Betreffzeile (EMail Subject) und den Mail-Text (EMail Body) als Eingabewerte und verbindet sich mit dem E-Mail-Server, um die Nachricht zu verschicken.*

Beispiel 6-2. *Quellcode für emailer.py*

```
import smtplib ❶
from email.mime.text import MIMEText ❷

def alertMe(subject, body): ❸
        myAddress = "myAddress@gmail.com" ❹
        msg = MIMEText(body) ❺
        msg['Subject'] = subject ❻
```

```
msg['From'] = myAddress ❼
msg['Reply-to'] = myAddress ❽
msg['To'] = myAddress ❾

server = smtplib.SMTP('smtp.gmail.com',587) ❿
server.starttls() ⓫
server.login(myAddress,'my_password') ⓬
server.sendmail(myAddress,myAddress,msg.as_string()) ⓭
server.quit() ⓮
```

```
alertMe("Warnung!", "Haustür ist offen!") ⓯
```

❶ Importiere die Funktionen, die zum Verbinden mit dem SMTP-Server erforderlich sind.

❷ Importiere die Funktionen zum Erstellen einer E-Mail.

❸ Erstelle eine Funktion namens alertMe mit zwei Eingabewerten: der Betreffzeile und dem Inhalt der E-Mail.

❹ Erstelle ein Objekt namens myAddress und lege die individualisierte E-Mail-Adresse als String ab (ersetzen Sie myAddress@gmail.com durch Ihre eigene).

❺ Erstelle ein Objekt namens msg und lege den Mail-Body im MIME-Format ab (er wird als Eingabewert an die Funktion übergeben).

❻ Setze die Betreffzeile der Nachricht mittels des Eingabewerts der Funktion.

❼ Setze die Adresse der E-Mail auf den Wert der Variablen, die Sie in <4> gesetzt haben.

❽ Setze die Reply-to-Adresse der E-Mail ebenfalls auf die Mail-Adresse aus <4> .

❾ Setzte die Ziel-Adresse der E-Mail ebenfalls auf die Mail-Adresse aus <4>.

❿ Verbinde dich mit dem SMTP-Server smtp.gmail.com über den Port 587 (ersetzen Sie diese Daten durch die Ihres Servers, wenn Sie Gmail nicht nutzen).

⓫ Nutze für die Kommunikation mit dem SMTP-Server Verschlüsselung (bei manchem E-Mail-Providern müssen Sie eventuell diese Zeile entfernen).

⓬ Schicke die Login-Informationen an den Server (ersetzen Sie diese Werte durch Ihre Anmeldedaten).

⓭ Versende die E-Mail.

⓮ Schließe die Verbindung zum SMTP-Server.

⓯ Rufe die Funktion alertMe mit der Betreffzeile „Warnung!" und dem Text „Haustür ist offen!" auf.

Hartkodierte Werte zur Vereinfachung

In Beispiel 6-2 haben wir die Daten für den SMTP-Server, die Anmeldung, die E-Mail-Adressen und das Passwort in der Funktion alertMe *hartkodiert* – sie also direkt im Code abgelegt, statt sie von einer anderen Stelle zu übernehmen. Wenn Sie an einem großen Projekt mit anderen Entwicklern und vielen Anwendern arbeiten, ist das im Allgemeinen keine gute Idee. Sie sollten sie dann besser aus einer Datenquelle übernehmen. Aber solange Sie an privaten Projekten arbeiten, kann das Hartkodieren solcher Informationen das Ganze deutlich vereinfachen.

Wenn Sie *emailer.py* ausführen (Sie können das Skript mit python emailer.py starten) und keine Fehlermeldung erhalten, sollten Sie eine E-Mail in Ihrem Posteingang vorfinden. Wenn das der Fall ist, wissen Sie, dass Sie eine Funktion haben, die Sie in Ihrem Code ausführen können, um beliebige E-Mail-Nachrichten zu verschicken. Wenn Probleme auftreten, sollten Sie neben dem Code vor allem die E-Mail-Einstellungen Ihres Providers kontrollieren.

Da die Funktion nun lauffähig ist, entfernen Sie die Testzeile alertMe("Warnung!", "Haustür ist offen!") und sichern Sie die Datei. Jetzt kann diese Funktionsdefinition in andere Python-Dateien importiert werden, solange sich *emailer.py* im gleichen Verzeichnis befindet.

Der Tür-Sensor

Nachdem der E-Mail-Teil des Projekts funktioniert, wollen wir uns nun der Interaktion mit der Außenwelt widmen. Es ist ziemlich einfach herauszufinden, ob eine Tür offen ist oder nicht. Ein entsprechender Sensor (oft als „Reedschalter" oder „Reedkontakt" bezeichnet) funktioniert wie ein digitaler Schalter und kann direkt mit dem BeagleBone verbunden werden. Solche Sensoren finden Sie zum Beispiel in Ihrem lokalen Elektronikgeschäft oder bei den entsprechenden großen Versandhändlern.

Die Schalter gibt es normalerweise in zwei Varianten: „Normally Open" (bezeichnet als NO) oder „Normally Closed" (NC). Ein NO-Schalter trennt die Verbindung zwischen den beiden Anschlüssen, wenn die Tür geöffnet und der Schalter vom Magneten entfernt wird. Umgekehrt verbindet ein NC-Schalter die beiden Anschlüsse, wenn die Tür geöffnet wird. Manche Schalter funktionieren auch als Umschalter, mit einem gemeinsamen Anschluss sowie je einem NC- und NO-Anschluss (siehe Abbildung 6-2). In diesem Projekt lassen sich beliebige Varianten nutzen, da wir auf ein High- oder Low-Signal abfragen können.

Für den folgenden Code nutze ich einen NC-Schalter, so dass eine geöffnete Tür ein High-Signal erzeugt, eine geschlossene Tür dagegen ein Low-Signal.

Abbildung 6-2. *Dieser Türschalter besitzt einen NO- und NC-Anschluss.*

Im Code weise ich darauf hin, wo die Logik angepasst werden sollte, falls Sie einen anderen Schalter verwenden möchten.

1. Verbinden Sie einen Anschluss des Schalters mit Pin 11 der Steckleiste P8 (siehe Abbildung 6-3).
2. Verbinden Sie den anderen Anschluss des Schalters mit einem der 3,3V-Pins.
3. Verbinden Sie mittels eines 10-kΩ-Pulldown-Widerstands Pin 11 der Steckleiste P8 mit Masse (in „Input" auf Seite 40 erhalten Sie einen kleinen Auffrischungskurs zu Pulldown-Widerständen).

Der Code

Das Arbeiten mit vielen verschachtelten Schleifen und `if`-Anweisungen kann ein wenig verwirrend sein. Daher wollen wir die Logik zunächst als *Pseudocode* – eine Möglichkeit, in normaler Sprache auszudrücken, was der Code tun soll – darstellen.

- Setze den Wert von `alertTime` auf 0.
- Durchlaufe unendlich oft in einer Schleife:
    - Prüfe, ob die Tür geöffnet ist.
    - Wenn die Tür offen ist:

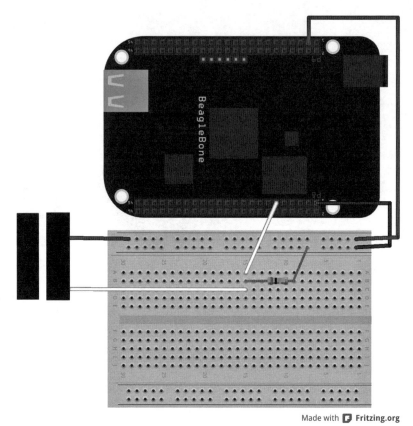

Made with **□ Fritzing.org**

Abbildung 6-3. *Den Türschalter mit Pin 11 der Steckleiste P8 und einem 10kΩ-Pulldown-Widerstand verbinden*

- Prüfe, ob `alertTime` den Wert 0 hat.
- Wenn `alertTime` den Wert 0 hat:
  - Setze den Wert von `alertTime` auf die aktuelle Zeit plus 60 Sekunden.
- Wenn `alertTime` nicht den Wert 0 hat:
  - Prüfe, ob die aktuelle Zeit größer als `alertTime` ist.
  - Wenn die aktuelle Zeit größer als `alertTime` ist
    - Versende die Warn-E-Mail.
    - Warte, bis die Tür geschlossen ist.
  - Wenn die aktuelle Zeit kleiner `alertTime` ist:
    - Führe keine weitere Aktion durch.
- Wenn die Tür nicht offen ist:
  - Setze den Wert von `alertTime` auf 0.

Die Hauptschleife prüft permanent, ob die Tür geöffnet wurde. Bemerkt sie, dass die geschlossene Tür jetzt offen ist, merkt sie sich einen Zeitpunkt in alertTime. Dieser liegt 60 Sekunden in der Zukunft. Bei allen folgenden Prüfungen, ob die Tür immer noch offen ist, prüft sie, ob die 60 Sekunden vergangen sind. In diesem Fall wird eine E-Mail-Warnung verschickt. Wurde die Tür wieder geschlossen, dann wird der Wert von alertTime zurückgesetzt und damit sichergestellt, dass beim nächsten Öffnen der Tür die 60 Sekunden neu hochgezählt werden.

Es gibt auch noch eine Schleife, nachdem die E-Mail verschickt wurde, um sicherzustellen, dass nur dann eine E-Mail ankommt, wenn die Tür länger als eine Minute geöffnet ist. Beispiel 6-3 zeigt, wie diese Logik in Python umgesetzt wurde.

Beispiel 6-3. *Quellcode für doorAlert.py*

```
import time
import Adafruit_BBIO.GPIO as GPIO
from emailer import alertMe ❶

GPIO.setup("P8_11", GPIO.IN)

alertTime = 0 ❷

while True:
    if GPIO.input("P8_11"): ❸
        if alertTime == 0: ❹
            alertTime = time.time() + 60 ❺
            print "Tür geöffnet. Warnung in 60 Sekunden, wenn sie offen bleibt."
        else: ❻
            if time.time() > alertTime: ❼
                alertMe("Warnung!", "Die Tür ist lange offen!") ❽
                print "Tür wurde über 60 sec geöffnet. E-Mail verschickt!"
                while GPIO.input("P8_11"): ❾
                    time.sleep(.1)
    else:
        alertTime = 0 ❿
    time.sleep(.01)
```

❶ Importiere die Funktion alertMe aus *emailer.py*.

❷ Setze den Wert von alertTime initial auf 0.

❸ Wenn die Tür geöffnet ist, führe den eingerückten Code aus. (Wenn Sie einen NO-Schalter nutzen, sollte diese Zeile folgendermaßen lauten: if not GPIO.input("P8_11"):)

❹ Wenn der Zeitpunkt für das Verschicken der Warnung noch nicht in alertTime gesetzt wurde,...

❺ ... lege hierfür nun die aktuelle Uhrzeit plus 60 Sekunden fest.

❻ Wenn der Zeitpunkt für das Versenden der Warnung schon gesetzt ist, führe den nachfolgenden Code aus.

❼ Wenn die aktuelle Zeit größer als alertTime ist,…

❽ …rufe die Funktion alertMe aus *emailer.py* mit Betreff und Mailtext auf.

❾ Warte hier, bis die Tür wieder geschlossen wurde, um zu vermeiden, dass mehrere E-Mails abgesendet werden. (Bei einem NO-Schalter sollte diese Zeile folgendermaßen lauten: while not GPIO.input("P8_11"):)

❿ Wenn die Tür geschlossen wurde, setzte alertTime zurück auf 0.

Die Datei *doorAlert.py* muss sich im gleichen Verzeichnis wie *emailer.py* befinden, damit die Funktion alertMe aus dieser Datei importiert werden kann.

 Sie müssen die Zeile aus *emailer.py* entfernen, die die Test-E-Mail verschickt, denn anderenfalls erhalten Sie mit jedem Start von *doorAlert.py* eine E-Mail.

Als Nächstes sollten Sie *doorAlert.py* so einrichten, dass es automatisch im Hintergrund läuft, sobald Ihr BeagleBone gestartet wird. Wenn Sie das gleich erledigen möchten, werfen Sie einen Blick in Anhang B.

Web-Oberfläche

In den Anfangstagen des Web wurde jede Seite, die Sie angesurft haben, durch eine HTML-Datei auf dem Webserver repräsentiert. Wenn Sie einen Request für eine bestimmte URL abgeschickt hatten, fand der Server diese Datei in seiner Verzeichnisstruktur und übertrug sie an Sie. Viele Webserver arbeiten immer noch auf diese Art und Weise, aber es gibt auch eine neue Generation da draußen. Wenn Sie eine URL anfordern, wird der HTML-Code basierend auf den Regeln im Code dynamisch erzeugt und an Sie übermittelt.

Einer der Aspekte, den ich an Embedded-Linux-Plattformen wie dem Beagle-Bone so sehr mag, ist der, dass viele moderne Frameworks für Web-Anwendungen darauf laufen. Sie können diese Frameworks zusammen mit den GPIO-Bibliotheken einsetzen, um Web-Oberflächen für Projekte zu erstellen, die mit der Umgebung interagieren. Nehmen wir zum Beispiel an, wir wollen keine E-Mail-Warnung erhalten, wenn die Tür zu lange offen ist, sondern nur auf einer Webseite nachschauen, wie der Stand ist.

Erste Schritte mit Flask

In diesem Projekt werden Sie das Flask-Framework *(http://flask.pocoo. org/)* für Python verwenden, um die Webseite bereitzustellen, und da Sie weiter in Python tätig sind, können Sie auch weiterhin auf die BeagleBone

IO Python Library von Adafruit zurückgreifen. Bevor wir unsere eigene dynamische Site aufbauen, müssen wir Flask und die abhängigen Pakete per pip installieren:

```
root@beaglebone:~# pip install flask
```

Um Flask zu testen, erstellen Sie einen einfachen Webserver, der auf Anfragen mit „Hallo Welt!" reagiert. Erzeugen Sie dazu eine neue Datei namens *hello-flask.py* und fügen Sie dort den Code aus Beispiel 6-4 ein.

Beispiel 6-4. *Quellcode für hello-flask.py*

```
from flask import Flask ❶
app = Flask(__name__) ❷

@app.route("/") ❸
def hello():
    return "Hallo Welt!" ❹

if __name__ == "__main__": ❺
    app.run(host='0.0.0.0', port=81, debug=True) ❻
```

❶ Importiere die Funktionen der Flask-Bibliothek.

❷ Erstelle ein Flask-Objekt namens „app".

❸ Wenn Flask einen Reqeust für / (den Web-Root) erhält, führe die folgende Funktion aus.

❹ Schicke den Text „Hallo Welt!" an den Webbrowser.

❺ Wenn diese Datei selbst ausgeführt (und nicht von einer anderen Datei importiert) wird, führe den nachfolgenden eingerückten Code aus.

❻ Lasse den Flask-Server auf Port 81 lauschen und protokolliere Request-Anfragen und Fehler an der Konsole.

Nach dem Sichern von *hello-flask.py* führen Sie es aus. Ihnen sollte dann im Terminal Folgendes angezeigt werden:

```
root@beaglebone:~# python hello-flask.py
 * Running on http://0.0.0.0:81/
 * Restarting with reloader
```

Öffnen Sie nun Ihren Webbrowser und rufen Sie http://beaglebone.local:81 auf. Wenn alles funktioniert hat, sollte Ihnen in Ihrem Browserfenster „Hallo Welt!" angezeigt werden. Wenn Sie nun nochmals in Ihr BeagleBone-Terminal schauen, sehen Sie Folgendes:

```
10.0.1.5 - - [16/Jul/2013 12:32:20] "GET / HTTP/1.1" 200 -
10.0.1.5 - - [16/Jul/2013 12:32:20] "GET /favicon.ico HTTP/1.1" 404 -
```

Die erste Zeile repräsentiert den GET-Request des Browsers für /. Der Server reagiert mit einem Code 200, was für OK steht. Dieser Response erschien, als der Text „Hallo Welt!" an den Browser übermittelt wurde. Bei der zweiten Zeile handelt es sich um einen weiteren GET-Request für /favicon.ico, auf den der Server mit dem Code 404 reagiert hat – „File not Found". Browser fordern ein kleines, grafisches Symbol an, wenn sie eine Site ansteuern, um dieses in der Adressleiste und im Lesezeichen-Ordner nutzen zu können. Ihre Site besitzt keine favicon.ico-Datei, daher können Sie diesen Fehler ignorieren. Es wird keine Probleme verursachen.

Um den Server abzubrechen und zurück an die Befehlszeile zu gelangen, drücken Sie Strg/Ctrl-C.

Templates mit Flask

Beispiel 6-4 hat nur Text an den Webbbrowser geschickt, ohne irgendwelche HTML-Formatierung, die Sie normalerweise von einer Webseite erwarten würden. Sie könnten den Code selbst schreiben und wie im Beispiel mit der return-Anweisung zurückliefern, aber das wird im Python-Code sehr schnell sehr unübersichtlich. Zum Glück nutzt Flask eine *Template Engine* namens Jinja2 *(http://jinja.pocoo.org/)*, die sich darum kümmert, eine HTML-Formatierung mit den Daten zu kombinieren, die von unserer Anwendung stammen.

Mit den Möglichkeiten von Jinja2 können Sie HTML-Dateien mit Platzhaltern für die Daten aus unserer Webanwendung erstellen. Das bedeutet, dass der Code, der das Aussehen der Seite steuert, getrennt ist von der eigentlichen Logik der Anwendung. Die Flask-Funktion render_template übernimmt die Daten und den Dateinamen mit dem HTML-Template und übergibt sie an Jinja2, das alles als sauber formatiertes HTML an Flask zurückgibt und von dort an den Anwender liefert.

Um das auszuprobieren, erstellen Sie eine neue Datei namens *flask-template.py* und fügen dort den Code aus Beispiel 6-5 ein. Legen Sie dann ein Unterverzeichnis mit dem Namen *templates* an und erstellen Sie dort eine Datei *main.html*. Nutzen Sie Beispiel 6-6 als Inhalt für diese Datei.

Beispiel 6-5. *Quellcode für flask-template.py*

```
from flask import Flask, render_template ❶
app = Flask(__name__)
import datetime

@app.route("/")
def hello():
        now = datetime.datetime.now() ❷
        timeString = now.strftime("%d.%m.%Y %H:%M") ❸
        templateData = {
                'title': 'Hallo!',
```

```
                  'time': timeString
        } ❹
        return render_template('main.html', **templateData) ❺

if __name__ == "__main__":
        app.run(host='0.0.0.0', port=81, debug=True)
```

❶ Importiere die Funktion render_template.
❷ Lege das aktuelle Datum und die Uhrzeit in now ab.
❸ Erzeuge einen für Menschen lesbaren String aus Datum und Uhrzeit.
❹ Erstelle ein Dictionary mit Werten, das an das Template übergeben wer-
    den soll (im Schlüssel:Wert-Format).
❺ Rendere das HTML-Template aus templates/main.html zusammen mit
    den Werten aus dem Dictionary templateData.

Beispiel 6-6. *Quellcode für templates/main.html*
```
<!DOCTYPE html>
<head>
<title>{{title}}</title> ❶
</head>

<body>
<h1>Hallo Welt!</h1>
<h2>Auf dem Server ist es jetzt : {{ time }}.</h2> ❷
</body>
</html>
```

❶ Nutze den Wert des Schlüssels title und füge ihn hier ein.
❷ Nutze den Wert des Schlüssels time und füge ihn hier ein.

In Beispiel 6-5 weist die Zeile return render_template('main.html', **templateData) Flask an, mit der Jinja2-Template-Engine die Seite aufzuberei-
ten. Sie schaut dann in den Ordner *templates*, um die angegebene Datei
main.html zu finden. Flask übergibt an Jinja2 auch die Werte aus dem Dictionary *templateData*, das ein paar Zeilen weiter vorne erstellt wurde. Diese
Werte können im Template über den in doppelten geschweiften Klammern
angegebenen Namen angesprochen werden, wie Sie in Beispiel 6-6 sehen.

Nach dem Speichern von *flask-template.py* und *templates/main.html* führen Sie das Skript an der Befehlszeile aus:

```
root@beaglebone:~# python flask-template.py
 * Running on http://0.0.0.0:81/
 * Restarting with reloader
```

Wenn Sie jetzt *http://beaglebone.local:81* aufrufen, sollte Ihnen die Zeit
des BeagleBone im Browser angezeigt werden.

Flask und GPIO kombinieren

Mit dem gleichen Schaltungsaufbau wie in „Der Tür-Sensor" auf Seite 72 können Sie eine Web-Oberfläche mit Flask erstellen, um den Status der Tür anzeigen zu lassen (siehe die Beispiele Beispiel 6-7 und Beispiel 6-8). Jedes Mal, wenn der Server einen Request erhält, prüft er den Status des GPIO-Pins und übermittelt die Strings „offen" oder „geschlossen" an das Template, das dann an den anfragenden Browser übertragen wird.

Beispiel 6-7. *Quellcode für flask-door.py*

```
from flask import Flask, render_template
app = Flask(__name__)
import Adafruit_BBIO.GPIO as GPIO ❶

GPIO.setup("P8_11", GPIO.IN)

@app.route("/")
def hello():
    if GPIO.input("P8_11"):
        doorStatus = "offen" ❷
    else:
        doorStatus = "geschlossen" ❸
    templateData = {
        'doorStatus': doorStatus,
    } ❹
    return render_template('main-door.html', **templateData) ❺

if __name__ == "__main__":
    app.run(host='0.0.0.0', port=81, debug=True)
```

❶ Importiere die GPIO-Funktionen aus der Adafruit-Bibliothek.
❷ Wenn die Tür offen ist, setze den String doorStatus auf „offen".
❸ Setze anderenfalls den String doorStatus auf „geschlossen".
❹ Lege den String doorStatus in einem Dictionary mit dem Schlüssel doorStatus ab.
❺ Verweise auf die HTML-Template-Datei main-door.html.

Beispiel 6-8. *Quellcode für templates/main-door.html*

```
<!DOCTYPE html>
<head>
<title>Matts Apartment</title>
</head>

<body>
<h1>Matts Apartment</h1>
<h2>Die Tür ist {{ doorStatus }}.</h2> ❶->
</body>
</html>
```

❶ Wenn der HTML-Code vom BeagleBone erzeugt wird, ersetzt die Template-Engine {{ doorStatus }} durch den String, der in flask-door.py ermittelt wurde.

Was geht noch mit Flask?

Wenn Sie sich am Code in Beispiel 6-7 orientieren, können Sie mit dem BeagleBone auch Webdienste für weitere digitale Eingabekanäle bereitstellen. Nutzen Sie Flask auch, um digitale Ausgänge zu steuern, die PWM-Pins anzusteuern und analoge Sensoren auszulesen, die über den Analog-nach-Digital-Konverter angeschlossen sind.

Ein weiteres mächtiges Feature von Flask besteht darin, Variablen in URLs verarbeiten zu können. So lässt sich zum Beispiel die Helligkeit einer LED abhängig von der URL setzen, die Sie im Browser abschicken. Sie können Flask so einrichten, dass die Adresse *http://beaglebone.local:81/ledLevel/ 100* die LED in voller Helligkeit und *http://beaglebone.local:81/ledLevel/50* sie mit halber Helligkeit leuchten lässt. Das lässt sich mit dem bisschen Code aus Beispiel 6-9. bewerkstelligen

Beispiel 6-9. *Quellcode für flask-door.py, erweitert um eine PWM-Route.*

```
from flask import Flask, render_template
app = Flask(__name__)
import Adafruit_BBIO.GPIO as GPIO
import Adafruit_BBIO.PWM as PWM

PWM.start("P8_13", 0.0)

@app.route("/")
def hello():
    if GPIO.input("P8_11"):
        doorStatus = "offen"
    else:
        doorStatus = "geschlossen"
    templateData = {
        'doorStatus': doorStatus,
    }
    return render_template('main-door.html', **templateData)

@app.route('/ledLevel/<level>') ❶
def pin_state(level):
    PWM.set_duty_cycle("P8_13", float(level)) ❷
    return "LED-Level auf " + level + " gesetzt."

if __name__ == "__main__":
    app.run(host='0.0.0.0', port=81, debug=True)
```

❶ Übergebe die Variable level aus der URL an die Funktion.

❷ Setze den PWM-Pin 13 der Steckleiste P8 entsprechend des Levels in der URL.

Nach dem Hinzufügen der Route zu Ihrer Webanwendung wird Ihr Server auf Requests an *http://beaglebone.local:81/ledLevel/50* damit reagieren, dass die LED per PWM auf 50% ihrer Leistung „gedimmt" wird.

Datenprotokollierung mit Xively

Da der BeagleBone ein klassisches Dateisystem mitbringt, kann man ihn sehr gut für Projekte einsetzen, die Daten erfassen und protokollieren. Diese Daten lassen sich dann in einer Datei speichern, auf die man per SFTP, über eine Web-Oberfläche oder als E-Mail zugreift. Sie können den Beagle-Bone auch veranlassen, die Daten in einen Cloud-Service wie Xively *(https://xively.com/)* hochzuladen. Auf diese Weise lassen sich aktuelle und historische Daten Ihrer Sensoren ganz einfach im Web vergleichen (siehe Abbildung 6-4).

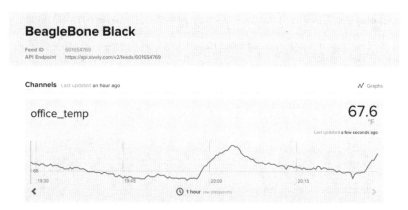

Abbildung 6-4. *Die Webdarstellung eines Xively Data Feed*

In diesem Abschnitt werden Sie erfahren, wie Sie einen analogen Temperatursensor am BeagleBone anschließen, mit Python aus den Spannungswerten des Sensors die eigentliche Temperatur berechnen und diese dann nach Xively hochladen.

Den Temperatursensor anschließen

Neben einem mit dem Internet verbundenen BeagleBone benötigen Sie für dieses Projekt noch folgende Komponenten:

- Steckplatine
- Verbindungskabel
- Analoger Temperatursensor TMP35. (Sie können auch einen TMP36 verwenden, siehe „Einsatz eines TMP36-Sensors" auf Seite 86. Solche Sensoren finden Sie zum Beispiel bei Watterott.)

Da es sich um einen analogen Sensor handelt, müssen Sie ihn mit einem der analogen Input-Pins des BeagleBone verbinden. Pin 1 des TMP35 wird an 3,3 V angeschlossen, Pin 2 an den analogen Input-Pin 40 der Steckleiste P9 (oder einen der anderen analogen Input-Pins) und Pin 3 an Masse (siehe Abbildung 6-5). Der TMP35 liefert für den Temperaturbereich von 10 bis 120 °C Spannungswerte von 0,1 bis 1,2 V zurück. Die Temperatur lässt sich dabei ganz einfach berechnen:

Temperatur (in °C) = Spannung in mV / 10

Um den Schaltkreis zu testen, verwenden Sie den Code aus Beispiel 6-10 in einer neuen Datei namens *tmp35.py*.

Beispiel 6-10. *Quellcode für tmp35.py*

```
import Adafruit_BBIO.ADC as ADC
import time

ADC.setup()

while True:
    mV = ADC.read('P9_40') * 1800 ❶
    celsius = mV / 10 ❷
    print round(celsius, 1) ❸
    time.sleep(1)
```

❶ Legt den analogen Input-Wert von Pin 40 der Steckleiste P9 in reading ab (und wandelt ihn dabei in mV um).

❷ Wandelt die mV-Messung in Celsius um.

❸ Gibt den Temperaturwert, gerundet auf eine Nachkommastelle, aus.

Wenn Sie dieses Python-Skript ausführen, sollte Ihnen jede Sekunde ein Temperaturwert in Celsius ausgegeben werden. Versuchen Sie einmal, den Sensor mit Ihren Fingern zu erwärmen. In diesem Fall sollte der Wert steigen. Wenn Sie ihn wieder abkühlen lassen, sollten auch die Zahlen kleiner werden.

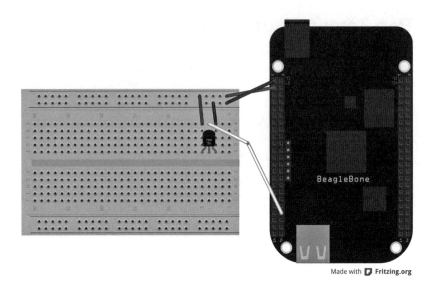

Made with ⬛ **Fritzing.org**

Abbildung 6-5. *Anschließen des TMP35-Temperatursensors an den analogen Input-Pin 40 der Steckleiste P9*

Mit Xively verbinden

Xively ist eine Plattform für das *Internet der Dinge*, die Daten von Sensoren überall auf der Welt erfasst und in einer Datenbank ablegt. Sie kann die Daten dann über ihre Web-Oberfläche anzeigen oder per API an Ihre eigenen Anwendungen liefern. Vor Xively hieß sie Cosm und davor Pachube. Es ist zwar möglich, den BeagleBone so zu konfigurieren, dass er die Daten selbst speichert und bereitstellt, aber der Vorteil von Xively besteht darin, dass Sie von überall auf der Welt auf Ihre Daten zugreifen können, wo Ihnen eine Internetverbindung zur Verfügung steht, ohne bei sich zu Hause die Netzwerk-Konfiguration besonders anpassen zu müssen.

Zudem vereinfachen die zur Verfügung stehenden Entwickler-Bibliotheken die Verbindung mit den Xively-Services in vielen verschiedenen Programmiersprachen. In diesem Abschnitt werden Sie die Python-Bibliothek verwenden, um analoge Sensordaten nach Xively hochzuladen.

1. Erstellen Sie einen Account auf der Signup-Seite von Xively *(https://xively.com/signup/)*. Für den persönlichen Bedarf reicht ein kostenloser Developer Account.

2. Melden Sie sich mit Ihrem Account an und klicken Sie oben auf der Seite auf „Develop".

3. Klicken Sie nun auf „Add Device".

4. Geben Sie Ihrem Gerät einen Namen und wählen Sie aus, ob die Daten öffentlich oder privat sein sollen. Diese Einstellung können Sie später

auch noch ändern. Nach dem Klick auf „Add Device" gelangen Sie auf die Seite des Geräts.

5. Klicken Sie auf der Geräte-Seite auf „Add Channel", um einen neuen Sensor-Kanal wie „office_temp" anzulegen. Die anderen Felder sind optional.

6. Achten Sie auf den automatisch erzeugten API-Schlüssel, die Feed ID und den Namen Ihres Kanals auf der Geräte-Seite. Diese Daten werden in Ihrem Python-Code benötigt.

7. Nutzen Sie auf Ihrem BeagleBone pip, um die Xively-Python-Bibliothek zu installieren:

```
root@beaglebone:~# pip install xively-python
```

8. Erstellen Sie eine neue Datei namens *xively-temp.py* und fügen Sie dort den Code aus Beispiel 6-11 ein. Achten Sie darauf, den API-Schlüssel, die Feed ID und den Kanal-Namen durch Ihre eigenen Daten zu ersetzen.

9. Wenn Sie *xively-temp.py* ausführen, wird alle 20 Sekunden die Temperatur ausgelesen und an Xively gesendet. Schauen Sie sich die Geräte-Seite auf Xively.com an, um zu beobachten, wie die Daten eintreffen!

Beispiel 6-11. *Quellcode für xively-temp.py*

```
import Adafruit_BBIO.ADC as ADC
import time
import datetime
import xively
from requests import HTTPError ❶

api = xively.XivelyAPIClient("API_KEY_HERE") ❷
feed = api.feeds.get(FEED_ID_HERE) ❸

ADC.setup()

while True:
    mV = ADC.read('P9_40') * 1800
    celsius = mV / 10
    celsius = round(celsius, 1)

    now = datetime.datetime.utcnow() ❹
    feed.datastreams = [
        xively.Datastream(id='office_temp', current_value=celsius, at=now) ❺
    ]

    try:
        feed.update() ❻
        print "Wert nach Xively hochgeladen: " + str(celsius)
    except HTTPError as e: ❼
            print "Fehler beim Verbinden mit Xively: " + str(e)
    time.sleep(20)
```

❶ Importiere HTTPError, damit auf mögliche Fehler bei der Verbindung mit Xively sauber reagiert werden kann.

❷ Geben Sie hier Ihren API-Schlüssel innerhalb der Anführungszeichen ein.

❸ Geben Sie hier Ihre Feed-ID innerhalb der Klammern ein.

❹ Lege die aktuelle Zeit in der Variable now ab.

❺ Geben Sie hier Ihre Kanal-ID ein.

❻ Lade die Daten auf den Xively-Server.

❼ Wenn ein Fehler bei der Verbindung mit dem Xively-Server auftritt, gib eine Meldung im Terminal aus, aber versuche es trotzdem nach 20 Sekunden wieder.

Einsatz eines TMP36-Sensors

Beispiel 6-11 enthält Code, mit dem der analoge Wert des TMP35 in Grad Celsius umgerechnet wird. Man kann auch den beliebten TMP36-Sensor verwenden. In diesem Fall müssen Sie die Umrechnung wie folgt vornehmen: celsius = (mV - 500) / 10. Beachten Sie, dass der TMP36 über 130 °C die Obergrenze des ADC von 1,8 V überschreitet.

Sie können in Xively für ein einzelnes Gerät weitere Kanäle anlegen, um die Daten mehrerer Sensoren hochzuladen. Nach dem Ermitteln eines weiteren Werts für den Analog-nach-Digital-Konverter fügen Sie ihn anhand des folgenden Musters zu feed.datastreams hinzu:

```
feed.datastreams = [
  xively.Datastream(id='office_temp', current_value=celsius, at=now),
  xively.Datastream(id='outdoor_temp', cur-
rent_value=outside_celsius, at=now)
]
```

Aktuell wird Beispiel 6-11 nur ausgeführt, wenn Sie es an der Befehlszeile starten. Wenn Sie es abbrechen, sich abmelden oder den BeagleBone neu starten, wird Xively beendet. Das ist bei den meisten Projekten natürlich nicht das gewünschte Verhalten. Um dieses Projekt so einzurichten, dass es automatisch gestartet wird, werfen Sie einen Blick in Anhang B.

Wie kann es weitergehen?

Es wäre schwierig, alle möglichen Wege vorzustellen, wie der BeagleBone über das Internet kommunizieren kann. Aber da Python so gerne eingesetzt wird, findet man auch schnell Lösungen, um Tweets abzuschicken, das Wetter abzufragen oder Daten von Google Maps abzurufen. Hier ein paar zusätzliche Ressourcen für den Einsatz von Python im Internet:

Requests Library (http://docs.python-requests.org/en/latest/)
    Diese beliebte Bibliothek hilft Ihnen dabei, HTTP-Requests zu bauen und die Responses auszuwerten.

Temboo (https://temboo.com/)
    Temboo erleichtert das Verbinden mit Hunderten verschiedener APIs.

Pusher (http://pusher.com/)
    Pusher ist ein Cloud Service und eine API, die Ihnen dabei hilft, Informationen in Echtzeit an Webseiten zu schicken. So können Sie zum Beispiel eine Webseite anlegen, die immer die aktuelle Temperatur anzeigt, die gerade vom BeagleBone ausgelesen wurde.

7/Bonescript

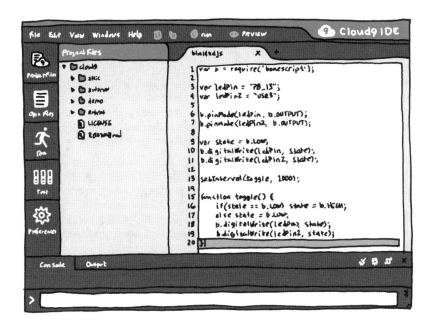

Als Programmiersprache hat JavaScript seit seinen Anfangszeiten, in denen es eigentlich nur dabei helfen sollte, Webseiten auf Client-Seite interaktiver zu gestalten, schon einen weiten Weg hinter sich. Dabei wird es immer noch häufig eingesetzt, um Grafiken einzublenden, Formulare zu überprüfen und asynchron mit dem Server zu kommunizieren (wenn Sie Daten verschicken oder empfangen, ohne die Webseite zu verlassen). Es ist sehr wahrscheinlich, dass die meisten Webseiten, die Sie ansurfen, auf die eine oder andere Art JavaScript verwenden.

Heutzutage wird es aber nicht mehr nur auf Client-Seite (im Browser) eingesetzt. Mit einem Framework wie Node.js *(http://nodejs.org/)* kann JavaScript auch als Engine eines Webservers genutzt werden und Web-Entwicklern die Möglichkeiten, die sich aus der ereignisgesteuerten Natur der Sprache ergeben, eröffnen. Statt eine Codezeile auszuführen und darauf zu warten, dass sie abgearbeitet ist, bevor es an die nächste Zeile geht, ist ein Großteil der Funktionen von Node.js *nicht-blockierend* – es können also weitere Aktivitäten erfolgen, während darauf gewartet wird, dass eine Aufgabe erledigt wird.

Die Vorteile von JavaScript können auch bei Hardware-Projekten zum Tragen kommen. BoneScript *(https://github.com/jadonk/bonescript)* ist eine Node.js-Bibliothek, die den Zugriff auf die Pins in JavaScript ermöglicht und den Arduino-Erfahrenen unter Ihnen sehr vertraut vorkommen wird, denn es gibt Funktionen wie digitalRead, digitalWrite, analogRead, analogWrite und ein paar weitere. Aber diese Funktionen wurden nun so entworfen, dass sie auf die ereignisgesteuerte Natur von JavaScript Rücksicht nehmen.

Beim Programmieren von Python und bei der Arbeit mit der BeagleBone IO Python Library von Adafruit in Kapitel 5 hat der Python-Interpreter jeweils eine Zeile ausgeführt und abgewartet, bis sie erledigt war, bevor es an die nächste Zeile ging. Die JavaScript-Engine wartet andererseits nicht darauf, dass eine Codezeile erledigt ist. Aus diesem Grund besitzen so viele Funktionen *Callback*-Methoden, die aufgerufen werden, wenn ein Ergebnis vorhanden ist.

Die Cloud9-IDE

Wenn Sie schon mit dem Arduino gearbeitet haben, kennen Sie vermutlich auch die Arduino-IDE, eine integrierte Entwicklungsumgebung oder *Integrated Development Environment*. Es handelt sich dabei um die Anwendung auf Ihrem Computer, in der Sie den Code schreiben, ihn kompilieren und auf das Board laden. BeagleBone besitzt seine eigene webbasierte IDE namens Cloud9 *(https://github.com/ajaxorg/cloud9/)*, mit der sich Anwendungen in BoneScript schreiben lassen (siehe Abbildung 7-1). Um die IDE zu erreichen, müssen Sie sich über einen Webbrowser mit Port 3000 Ihres BeagleBone verbinden. Wenn Sie bisher den Hostnamen noch nicht von beaglebone in eine andere Bezeichnung geändert haben, rufen Sie also *http://beaglebone.local:3000/* auf. In „Den Hostnamen ändern" auf Seite 31 finden Sie mehr Informationen dazu. Es kann nach dem Booten des Beagle-Bone einen Augenblick dauern, bis der Cloud9-Server reagiert.

Im Bereich „Project Files" auf der linken Seite finden Sie ein Verzeichnis namens cloud9. In diesem Verzeichnis gibt es ein paar weitere Unterverzeichnisse. Wenn Sie selbst Erkundigungen anstellen möchten, finden Sie unter demo ein paar BoneScript-Beispiele. Alle diese Dateien befinden sich auf Ihrem BeagleBone in /var/lib/cloud9, für den Fall, dass Sie lieber Ihre eigene IDE oder Ihren Texteditor einsetzen möchten.

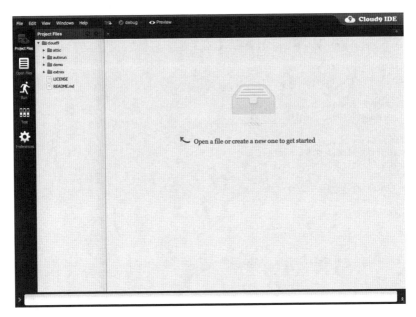

Abbildung 7-1. *Cloud9, eine webbasierte IDE, mit der sich Anwendungen mit BoneScript schreiben lassen.*

Einstieg in BoneScript

Da JavaScript so ganz anders als Python ist, sollten Sie auf die Syntaxunterschiede achten. JavaScript kümmert sich zum Beispiel gar nicht darum, ob Sie Ihren Quelltext einrücken. Sie können sogar Ihren gesamten Code in einer Zeile unterbringen, wenn Sie das möchten. (Ich empfehle es aber nicht!) JavaScript erwartet dafür aber auch ein Semikolon hinter jeder Anweisung.

Am besten lernt man eine Sprache anhand von Beispielen, womit wir auch gleich loslegen wollen.

Eine LED blinken lassen

Wenn Sie doppelt auf die Datei `blinkled.js` im Verzeichnis demo klicken, sehen Sie den Code aus Beispiel 7-1 im Editorbereich. Wenn Sie eine externe LED blinken lassen möchten, verbinden Sie sie mit Pin 13 der Steckleiste P8 (so wie Sie es schon aus „Mit einer LED verbinden" auf Seite 35 kennen, nur dieses Mal nutzen Sie Pin 13 statt Pin 12). Der Code wird diesen Pin abwechselnd ein- und ausschalten. Gleichzeitig wird auch die On-Board-LED USR3 rechts neben dem Ethernet-Port ein- und ausgeschaltet. (Wenn Sie also keine externe LED anschließen, sehen Sie trotzdem eine LED blinken.)

Beispiel 7-1. *BoneScript-Demodatei* `blinkled.js`

```
var b = require('bonescript'); ❶

var ledPin = "P8_13"; ❷
var ledPin2 = "USR3"; ❸

b.pinMode(ledPin, b.OUTPUT); ❹
b.pinMode(ledPin2, b.OUTPUT); ❺

var state = b.LOW; ❻
b.digitalWrite(ledPin, state); ❼
b.digitalWrite(ledPin2, state); ❽

setInterval(toggle, 1000); ❾

function toggle() { ❿
    if(state == b.LOW) state = b.HIGH; ⓫
    else state = b.LOW; ⓬
    b.digitalWrite(ledPin, state); ⓭
    b.digitalWrite(ledPin2, state); ⓮
}
```

❶ Lade das BoneScript-Modul, das im Code dann als b angesprochen wird.

❷ Erstelle eine Variable ledPin mit dem String „P8_13", um auf den GPIO-Pin 13 der Steckleiste P8 zu verweisen.

❸ Erstelle eine Variable ledPin2 mit dem String „USR3", um auf die On-Board-LED namens USR3 zu verweisen.

❹ Setze ledPin als Output-Pin.

❺ Setze ledPin2 als Output-Pin.

❻ Erstelle eine neue Variable state und lege dort den Wert LOW ab.

❼ Schreibe den Wert von state (LOW) nach ledPin.

❽ Schreibe den Wert von state (LOW) nach ledPin2.

❾ Führe die toggle-Funktion alle 1000 Millisekunden (1 Sekunde) aus.

❿ Deklariere eine neue Funktion toggle, die den Code zwischen den nachfolgenden geschweiften Klammern enthält.

⓫ Wenn die Variable state den Wert LOW enthält, setze sie auf HIGH.

⓬ Setze anderenfalls den Wert von state auf LOW.

⓭ Schreibe den Wert von state nach ledPin.

⓮ Schreibe den Wert von state nach ledPin2.

Wenn der Text neben dem grünen Abspiel-Button in der Cloud9-Toolbar „Debug" lautet, öffnen Sie das Pulldown-Menü des Buttons und entfernen Sie die Markierung bei „Run in debug mode" (Abbildung 7-2). Damit ändert sich der Text des Buttons von „Debug" in „Run" und es ist sichergestellt,

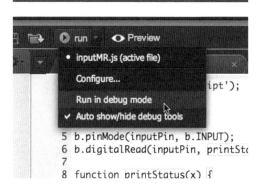

Abbildung 7-2. *Den Debug-Modus in Cloud9 ausschalten*

dass ausgegebener Text bei jedem Klick auf „Run" unten im Fenster von Cloud9 angezeigt wird.

Wenn Sie nun im Cloud9-Editor auf den Run-Button klicken, wird die USR3-LED auf dem Board blinken, ebenso wie eine eventuell an Pin 13 der Steckleiste P8 angeschlossene LED. Klicken Sie auf „Stop", um den Prozess zu beenden.

Das Interessante an Beispiel 7-1 besteht darin, dass hier eine neue Funktion toggle erzeugt und per setInterval ein Mal pro Sekunde ausgeführt wird. Mit dieser Methode können Sie mehrere Funktionen unabhängig voneinander laufen lassen, dabei aber trotzdem auf die gleichen Variablen und Daten zugreifen.

Einen digitalen Input-Kanal auslesen

Um zu erfahren, wie Sie einen digitalen Input-Kanal mit BoneScript auslesen, erstellen Sie eine neue Datei namens inputPrint.js mit dem Inhalt aus Beispiel 7-2. In Cloud9 klicken Sie dazu einfach auf das File-Menü und wählen „New File". Wenn Sie den Code eingegeben haben, sichern Sie ihn anschließend (File→Save). Sie werden dann nach einem Namen (*inputPrint.js*) und einem Ablageort gefragt.

Schließen Sie wie in „Input" auf Seite 40 gezeigt einen Taster oder Schalter an Pin 11 der Steckleiste P8 an.

Beispiel 7-2. *Quellcode für inputPrint.js*

```
var b = require('bonescript');

var inputPin = "P8_11"; ❶

b.pinMode(inputPin, b.INPUT); ❷
```

```
b.digitalRead(inputPin, printStatus); ❸

function printStatus(x) { ❹
    if (x.value == b.HIGH) { ❺
        console.log("Der Pin ist HIGH");
    }
    else { ❻
        console.log("Der Pin ist LOW");
    }
}
```

❶ Erstelle eine Variable inputPin mit dem String „P8_11", um auf den GPIO-Pin 11 der Steckleiste P8 zu verweisen.

❷ Setze inputPin als Input-Pin.

❸ Lies den Status von inputPin aus und übergebe ihn an die Funktion printStatus.

❹ Erstelle eine Funktion printStatus mit einem Parameter, auf den sie sich als x bezieht.

❺ Ist der Wert des Pins high, schreibe „Der Pin ist HIGH" in der Konsole.

❻ Schreibe anderenfalls „Der Pin ist LOW" in der Konsole.

Wenn Sie auf Run klicken, wird der Code ein Mal ausgeführt und der Status des Tasters oder Schalters im Output-Bereich unten im Fenster von Cloud9 angezeigt. Verändern Sie den Status des Tasters/Schalters und klicken Sie nochmals auf Run. Wenn Sie einen Taster nutzen, achten Sie darauf, ihn gedrückt zu halten (oder ihn nun eben loszulassen), wenn Sie auf Run klicken.

Beispiel 7-2 zeigt auch die Callback-Funktionalität der BoneScript-Bibliothek. Der Funktion digitalRead können zwei Parameter (oder Eingabewerte) mitgegeben werden:

digitalRead(pin, callback)

pin
    Die Pin-Nummer, die Sie auslesen möchten.

callback (optional)
    Der Name der Funktion, die ausgeführt werden soll, wenn der Pin ausgelesen wurde. digitalRead übergibt den Status des Pins an diese Funktion.

Die Funktion printStatus, die in Beispiel 7-2 erstellt wurde, erwartet einen einzelnen Eingabe-Parameter, auf den sie als x zugreift (definiert in den Klammern neben dem Funktionsnamen). Wenn digitalRead die Funktion printStatus ausführt, übergibt sie x.value oder x.error, so dass printStatus abhängig vom Status des Pins eine Aktion durchführen kann (oder auch abhängig von einem eventuellen Fehler).

Interrupts

Es ist auch möglich, einen Interrupt mit einem Pin zu verbinden, so dass Sie Änderungen am Pin überwachen und eine Funktion ausführen können, wenn eine bestimmte Änderung erkannt wird. Sie können festlegen, ob der Code ausgeführt werden soll, wenn der Pin von Low zu High, von High zu Low oder ganz allgemein von einem in den anderen Status wechselt. Durch das Zuweisen eines Interrupts kann Ihr Code andere Dinge erledigen, ohne permanent prüfen zu müssen, ob sich der Status des Pins geändert hat.

Der Code in Beispiel 7-3 kombiniert Code aus Beispiel 7-1 und Beispiel 7-2. Er soll Ihnen zeigen, dass Sie eine LED blinken lassen und gleichzeitig die Änderungen am Input-Pin verfolgen können. Hierin liegt einer der großen Vorteile der ereignisgesteuerten Natur von JavaScript.

Beispiel 7-3. *Quellcode für* `interrupt.js`

```
var b = require('bonescript');

var ledPin = "USR3";
var inputPin = "P8_11";

b.pinMode(ledPin, b.OUTPUT);
b.pinMode(inputPin, b.INPUT);

b.attachInterrupt(inputPin, true, b.CHANGE, printStatus); ❶

var state = b.LOW;
b.digitalWrite(ledPin, state);

setInterval(toggle, 1000);

function toggle() {
    if(state == b.LOW) state = b.HIGH;
    else state = b.LOW;
    b.digitalWrite(ledPin, state);
}

function printStatus(x) {
    if (x.value == b.HIGH) {
        console.log("Der Pin ist HIGH");
    }
    else {
        console.log("Der Pin ist LOW");
    }
}
```

❶ Führt die Funktion `printStatus` aus, wenn Änderungen an `inputPin` erkannt werden.

Wenn Sie den Code ausführen, werden Sie sehen, dass die USR3-LED blinkt, und jedes Mal, wenn Sie den Status des Tasters oder Schalters ändern, wird eine Nachricht an der Konsole unten im Cloud9-Fenster ausgegeben.

Die Funktion `attachInterrupt` kann vier Parameter übernehmen:

`attachInterrupt(pin, handler, mode, callback)`

pin
: Der Pin, den Sie prüfen möchten.

handler
: Wenn dieser den Wert true aufweist, wird die Callback-Funktion immer ausgeführt, wenn eine Statusänderung erkannt wird. Ansonsten können Sie die Callback-Funktion abhängig von einer Bedingung ausführen.

mode
: Der Typ der Status-Änderung, der berücksichtigt werden soll. Der Wert kann RISING (Low zu High), FALLING (High zu Low) oder CHANGE (beliebiger Statuswechsel) sein.

callback (optional)
: Der Name der Funktion, die ausgeführt werden soll, wenn eine Statusänderung erkannt wird.

Einen analogen Input-Kanal auslesen

Wenn Sie ein Potentiometer oder einen anderen analogen Sensor an den analogen Input-Pin 32 der Steckleiste P9 anschließen, wie dies in „Ein Potentiometer anschließen" auf Seite 59 beschrieben ist, können Sie den Wert auch in BoneScript auslesen. Beispiel 7-4 zeigt, wie Sie analoge Werte von Sensoren auswerten und den Wert in der Konsole ausgeben.

Beispiel 7-4. *Quellcode für analogInput.js*

```
#!/usr/bin/node

var b = require('bonescript');

var inputPin = "P9_32";

loop(); ❶

function loop() { ❷
    b.analogRead(inputPin, printValue); ❸
    setTimeout(loop, 1000); ❹
}

function printValue(x) { ❺
    console.log(x.value); ❻
}
```

❶ Führe die Funktion `loop` das erste Mal aus.

❷ Definiere eine Funktion namens `loop`.

❸ Lies den analogen Wert von `inputPin` aus und übergebe ihn an die Funktion `printValue`.

❹ Führe `loop` wieder in 1000 Millisekunden (1 Sekunde) aus.

❺ Definiere eine Funktion `printValue`, die einen Eingabewert übernimmt und ihn innerhalb der Funktion als x anspricht.

❻ Gib den Eingabewert im Terminal aus.

Dieses Beispiel zeigt auch noch eine andere Möglichkeit, eine Schleife einzurichten, die regelmäßig ausgeführt wird, aber das Ergebnis unterscheidet sich ein wenig von dem in Beispiel 7-1. Die Funktion `loop` in Beispiel 7-4 enthält den Code, um sich selbst eine Sekunde nach der Ausführung erneut aufrufen, statt die Schleife nur ein Mal pro Sekunde zu starten (egal wie lang es dauert, den Code in der Schleife auszuführen).

Falls Sie ermuten, dass der Code innerhalb der Schleifenfunktion länger als das Ausführungsintervall benötigen kann, ist es sinnvoll, die Schleifenvariante wie in Beispiel 7-4 zu nutzen.

Der Funktion `analogWrite` können zwei Parametern übergeben werden:

```
analogWrite(pin, callback)
```

pin
> Der Pin, den Sie auslesen möchten.

callback (optional)
> Der Name der Funktion, die ausgeführt werden soll, wenn das Auslesen des Pins abgeschlossen ist. `analogWrite` übergibt den analogen Wert des Pins an diese Funktion.

PWM

Wie in „Analoger Output (PWM)" auf Seite 63 erwähnt können nur bestimmte Pins für `analogWrite` genutzt werden. Schauen Sie sich Tabelle 5-1 an, wenn Sie einen Pin für den Einsatz von PWM auswählen möchten. Beispiel 7-5 nutzt Pin 13 der Steckleiste P8.

Beispiel 7-5. *Quellcode für analogWrite.js*

```
var b = require('bonescript');

var ledPin = "P8_13";

b.pinMode(ledPin, b.OUTPUT);
```

```
b.analogWrite(ledPin, 0.05); ❶
```

❶   Setzt die Einschaltrate von ledPin auf 5%

Die Funktion analogWrite kann vier Parameter verarbeiten:

```
analogWrite(pin, value, frequency, callback)
```

pin
>   Der Pin, den Sie für PWM nutzen möchten.

value
>   Die Einschaltrate für den Pin, zwischen 0 (immer aus) und 1 (immer ein).

frequency (optional)
>   Die Frequenz der PWM in Hz (Ein-/Ausschaltvorgänge pro Sekunde)

callback (optional)
>   Der Name der Funktion, die ausgeführt werden soll, wenn der PWM-Wert erfolgreich gesetzt wurde.

Mit PWM experimentieren: Eine „atmende" LED

Wenn Sie mit dieser LED ein wenig herumspielen und ihr einen „Atmungs"-Effekt verpassen möchten, schauen Sie sich dazu Beispiel 7-6 an. Hier wird setInterval genutzt, um eine Funktion wiederholt auszuführen und zu ermitteln, wie die Einschaltrate der LED geändert werden soll. Diese Funktion führt dann die BoneScript-Funktion analogWrite aus, um die LED entsprechend leuchten zu lassen.

Beispiel 7-6. *Quellcode für breathingLED.js*

```
var b = require('bonescript');

var ledPin = "P8_13";
var fadingUp = true; ❶
var level = 0.0; ❷

b.pinMode(ledPin, b.OUTPUT);

b.analogWrite(ledPin, level);

changeLevel(); ❸

function changeLevel() { ❹
    if (level > 1.0) {
        fadingUp = false; ❺
    }
    if (level < 0) {
```

```
        fadingUp = true; ❻
    }

    if (fadingUp) {
        level = level + 0.01; ❼
    }
    else {
        level = level - 0.01; ❽
    }
    b.analogWrite(ledPin, level); ❾

    setTimeout(changeLevel, 10); ❿
}
```

❶ Erstelle eine Variable, die anzeigt, dass die LED heller werden soll (wenn sie den Wert false hat, wird sie dunkler werden).

❷ Erstelle eine Variable namens level für die Einschaltrate und beginne mit 0.0.

❸ Führe die Funktion changeLevel aus (die im Anschluss definiert wird).

❹ Erstelle eine neue Funktion namens changeLevel.

❺ Ist level größer 1.0, setze fadingUp auf false.

❻ Ist level kleiner 0, setze fadingUp auf true.

❼ Hat fadingUp den Wert true, erhöhe level um 0.01.

❽ Hat fadingUp den Wert false, reduziere level um 0.01.

❾ Setze die Einschaltrate von ledPin auf level.

❿ Führe die Funktion changeLevel erneut in 10 Millisekunden aus.

Wenn Sie den Code ausführen, sollte die mit Pin 13 verbundene LED langsam heller und dunkler werden! Versuchen Sie, das Intervall für die unterschiedlichen Effekte zu ändern.

JavaScript-Dateien an der Befehlszeile ausführen

Wenn Sie Ihren JavaScript-Code von der Befehlszeile aus starten möchten, nutzen Sie den Befehl node, gefolgt vom Namen der Datei. So führen Sie zum Beispiel blinkled.js im Demo-Verzeichnis von BoneScript aus:

```
root@beaglebone:~# cd /var/lib/cloud9/demo/
root@beaglebone:/var/lib/cloud9/demo# node blinkled.js
```

Um den Prozess zu beenden, drücken Sie Strg/Ctrl-C.

Es ist sehr nützlich, zu wissen, wie Sie die Datei von der Befehlszeile aus starten, wenn Sie Ihren Code als Cron-Job (siehe „Ein Crashkurs in Cron" auf Seite 46) oder Systemdienst (siehe Anhang B) ausführen möchten.

Skripten ausführbar machen

Für die Möglichkeit, ein Skript einfach über die Eingabe seines Namens ausführen zu können, fügen Sie den folgenden Code als erste Zeile im Skript ein. Damit wird das System angewiesen, zum Ausführen der Datei den Node-Interpreter zu nutzen.

```
#!/usr/bin/node
```

Sie können dann die Datei als ausführbar definieren:

```
root@beaglebone:~# chmod +x myScript.js
```

Wenn Sie sich nun im Verzeichnis mit der Datei befinden, können Sie sie starten, indem Sie ihren Namen nach einem vorangestellten ./ angeben:

```
root@beaglebone:~# ./myScript.js
```

Wenn die Datei unabhängig vom aktuellen Verzeichnis ausgeführt werden soll, werfen Sie dazu einen Blick auf „Ausführbare Skripten" auf Seite 54.

JavaScript-Dateien automatisch starten lassen

Sie können Ihren Code auch automatisch starten lassen, indem Sie ihn in das Verzeichnis autorun unterhalb des Ordners cloud9 einfügen. Ein Systemdienst überwacht dieses Verzeichnis permanent auf JavaScript-Dateien und führt sie aus. Sobald Sie eine Datei mit der Erweiterung .js dort ablegen, wird node zum Ausführen verwendet und sichergestellt, dass sie mit jedem Booten Ihres BeagleBone erneut gestartet wird.

Wenn Sie die Datei aus dem Verzeichnis autorun entfernen, wird die Datei nicht mehr neu gestartet.

BoneScript-Referenz

Die vollständige BoneScript-Referenz (siehe Abbildung 7-3) erreichen Sie immer über den Aufruf von *http://beaglebone.local/Support/BoneScript/* in Ihrem Webbrowser (bei Bedarf ersetzen Sie „beaglebone" durch den Hostnamen Ihres Boards). Hier finden Sie nicht nur Referenzinformationen zu jeder BoneScript-Funktion, sondern Sie können die Codebeispiele auch direkt auf der Webseite ändern und ausführen. Zudem finden Sie Informationen auf der BeagleBoard.org-Site *(http://beagleboard.org/support/bonescript/)*.

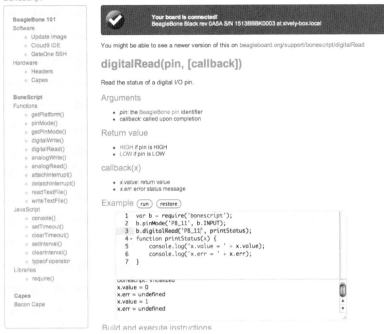

Abbildung 7-3. *Die interaktiven Referenzseiten von BoneScript*

8/Arbeiten mit der Desktop-Oberfläche

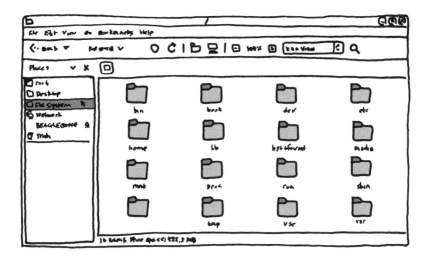

Wie ein normaler Computer verfügt auch der BeagleBone über eine grafische Benutzeroberfläche, auf der Sie mit der Maus arbeiten können. Sie können sich durch das Dateisystem klicken, Dateien per Drag and Drop verschieben und grafische Programme starten. Wenn Sie mit Windows oder OS X vertraut sind, werden Sie mit GNOME, der Benutzeroberfläche, die der Beagle-Bone in seiner Ångström-Distribution von Linux mitbringt, auch keine Probleme haben (siehe Abbildung 8-1).

Abbildung 8-1. *Die Desktop-Oberfläche des BeagleBone*

Vieles von dem, was wir bisher in diesem Buch über die Befehlszeile erledigt haben, lässt sich auch mittels der grafischen Oberfläche bewerkstelligen. Sofern Sie kein Befehlszeilen-Poweruser sind, ist es für Sie vielleicht einfacher, auf dem Desktop zwischen Dateien und Anwendungen zu wechseln und Text hin und her zu kopieren.

Wie lässt sich der Desktop erreichen?

Sie erreichen die Desktop-Oberfläche auf dem BeagleBone zum Beispiel, indem Sie Tastatur, Monitor und Maus direkt anschließen (siehe Abbildung 8-2). USB-Tastatur und -Maus können über einen USB-Hub am USB-Hostport des Boards verbunden werden. Bei einem BeagleBone Black können Sie einen Monitor über den Micro-HDMI-Port neben dem MicroSD-Slot anschließen. Dieser Micro-HDMI-Anschluss, auch als „Typ D"-Anschluss bezeichnet, ist nicht so häufig wie der standardmäßige Anschluss oder der Mini-HDMI-Anschluss. Eventuell müssen Sie ein passendes Kabel im Internet bestellen.

Abbildung 8-2. *Ein USB-Kabel und ein Micro-HDMI-Kabel mit dem Beagle-Bone Black verbinden*

Wenn Sie den Original-BeagleBone besitzen, können Sie das DVI Cape-Erweiterungsboard anschließen, um die Desktop-Oberfläche auf einem Monitor anzuzeigen.

Sie können den Desktop auch remote per VNC erreichen, wenn Sie keine Hardware anstöpseln möchten – siehe dazu „Remote per VNC mit dem Desktop verbinden" auf Seite 112.

Nach dem Anschluss des Monitors an Ihren BeagleBone und einem Neustart des Boards sollte Ihnen die Desktop-Oberfläche auf dem Bildschirm angezeigt werden (siehe Abbildung 8-1). Falls dies nicht er Fall ist, versuchen Sie, mit der Maus zu klicken oder eine Taste auf der Tastatur zu drücken.

Wenn Sie ein Passwort für root gesetzt haben („Ein Passwort setzen" auf Seite 32), werden Sie nicht automatisch angemeldet und auf den Desktop weitergeleitet, da GNOME hier „stecken bleibt". Wenn dies geschieht und Sie das automatische Login abschalten möchten, wechseln Sie zu einem weiteren Terminal („Terminals wechseln" auf Seite 107), um die Datei */etc/gdm/custom.conf* zu bearbeiten und `TimedLoginEnable=` `true` in `TimedLoginEnable=false` zu ändern. Speichern Sie die Änderung und starten Sie den BeagleBone neu.

Zum Terminal gelangen

Trotz all der Möglichkeiten, die Ihnen mit der Desktop-Oberfläche zur Verfügung stehen, müssen Sie von Zeit zu Zeit doch auf die Befehlszeile zurückgreifen. Glücklicherweise ist diese nur ein paar Klicks oder Tastendrücke entfernt.

Einsatz der Terminal-Anwendung

In der Menüleiste oben auf dem Desktop klicken Sie auf Applications→System Tools→Terminal, um ein Terminal in einem Fenster zu erhalten (siehe Abbildung 8-3).

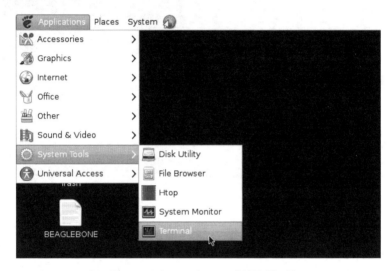

Abbildung 8-3. *Die Terminal-Anwendung in GNOME öffnen*

Sie können mehrere Fenster parallel geöffnet haben (File→Open Terminal) oder mehrere Terminals in einem Fenster in Tabs unterbringen (File→Open Tab).

Vielleicht ist Ihnen aufgefallen, dass der Prompt nicht so aussieht wie bei einer Verbindung per SSH. Eventuell sehen Sie nun ein sh-4.2# statt eines root@beaglebone:~#. Um dies zu ändern, klicken Sie auf Edit→Preferences. Im Fenster mit den Terminal-Voreinstellungen wählen Sie „Run command as login shell" (Abbildung 8-4) und schließen es dann wieder. Wenn Sie nun ein neues Terminal-Fenster oder einen neuen Tab öffnen, sollten Sie den gleichen Prompt erhalten wie bei der Anmeldung via SSH.

Wenn Sie das Terminal als Login-Shell öffnen, führt es automatisch /etc/profile aus – eine Datei, in der einige Einstellungen wie die Art des Prompts,

Abbildung 8-4. *Voreinstellungen des Terminal ändern*

Verzeichnisses im Path (siehe „Ausführbare Skripten" auf Seite 54) und der Standard-Editor für die Befehlszeile definiert werden.

Terminals wechseln

Sie können auch des Befehlszeilen-Terminal verwenden, ohne sich auf der Desktop-Oberfläche zu befinden. Dazu halten Sie Strg/Ctrl und Alt gedrückt, während Sie auf die ersten Funktionstasten drücken. Auf diese Weise erhalten Sie Zugriff auf fünf verschiedene textbasierte Terminals über F1 und F3 bis F6. Um zurück zur Desktop-Umgebung zu gelangen, drücken Sie Strg/Ctrl-Alt-F2.

Unterwegs im Dateisystem

In Kapitel 3 haben Sie das Linux-Dateisystem von der Befehlszeile aus kennengelernt und dabei die Befehle cd und ls verwendet. Um das Dateisystem über die Desktop-Oberfläche zu nutzen, klicken Sie das Computer-Symbol auf dem Desktop doppelt an. Dann klicken Sie doppelt auf File System. Die angezeigten Verzeichnisse sollten Ihnen halbwegs vertraut vorkommen. Sie sehen hier den Inhalt des root-Verzeichnisses (siehe Abbildung 8-5).

 Sie erkunden das Dateisystem als root und nutzen einen Viewer, mit dem Sie Dateien einfach verschieben können. Passen Sie gut auf, dass Sie nichts Wichtiges an den falschen Ort ziehen.

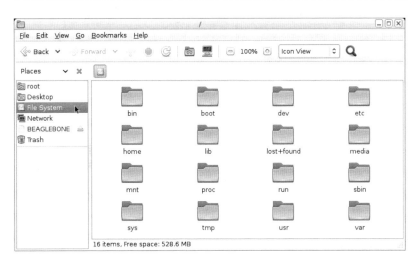

Abbildung 8-5. *Das root-Verzeichnis des Dateisystems aus Sicht der Desktop-Oberfläche*

In dem Bereich auf der linken Seite des Fensters gibt es ein paar Favoriten mit Links zu den verschiedenen Teilen des Dateisystems. Sie können dort eigene Ordner oder Dateien ablegen, indem Sie sie dorthin ziehen. Um einen Favoriten zu entfernen, klicken Sie ihn mit der rechten Maustaste an und wählen Remove.

Die meisten Funktionen rund um die Arbeit mit Dateien und Verzeichnissen, die Sie von einem modernen Betriebssystem erwarten, finden Sie auch bei GNOME. Öffnen Sie Dateien und Verzeichnisse durch einen Doppelklick und führen Sie Aktionen mit der rechten Maustaste durch. Verschieben Sie Elemente durch Drag and Drop von einem in ein anderes Fenster. Wenn Sie Dateien oder Verzeichnisse nicht verschieben, sondern kopieren möchten, halten Sie die Strg/Ctrl-Taste gedrückt, während Sie das Element loslassen.

Text bearbeiten

Auf auf dem BeagleBone vorinstalliert findet sich ein Texteditor namens ge-dit. Um ihn zu starten, klicken Sie auf Applications→Accessories→gedit Text Editor. Es öffnet sich ein Fenster mit einem leeren Textdokument. Wenn Sie sich im Dateimanager befinden und eine Datei mit gedit öffnen möch-ten, klicken Sie sie einfach mit der rechten Maustaste an und wählen im Kon-textmenü Open With→gedit Text Editor. (In Abbildung 8-6 sehen Sie ein Bei-spiel für das Öffnen einer Datei mit gedit, in Abbildung 8-7 ist ein Beispiel für Syntax-Hervorhebung angeführt.)

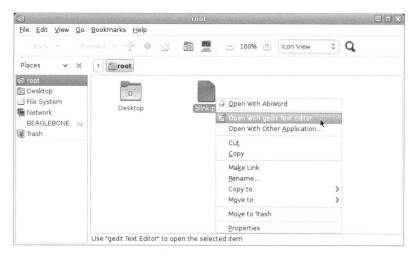

Abbildung 8-6. *Eine Datei mit gedit öffnen*

Wenn Sie den gedit Text Editor nicht im Menü finden, nachdem Sie eine Da-tei mit der rechten Maustaste angeklickt haben, wählen Sie Open With Other Application und suchen Sie dann in der Liste der Anwendungen gedit aus. Achten Sie darauf, die Checkbox zu markieren, mit der sich GNOME diese Anwendung merkt, so dass Sie in Zukunft den Editor einfach per Doppelklick auf diese Datei starten können.

gedit kennt zudem die Syntax vieler Programmiersprachen und nutzt Far-ben, um Schlüsselwörter hervorzuheben. Wenn Ihre Datei zum Beispiel die Endung *.py* aufweist, erkennt gedit sie als Python-Datei und passt seine Syntax-Hervorhebung entsprechend an.

Skripten ausführen

Viele der von uns geschriebenen Skripten haben wir mit einen *Shebang* oder *Hashbang* in der ersten Zeile der Datei eingeleitet. Auf diese Weise wird das

Abbildung 8-7. *Syntax-Hervorhebung in gedit, um den Code besser lesen zu können*

System angewiesen, einen bestimmten Interpreter (wie Python oder Node) zum Ausführen der Datei zu verwenden. So können wir die Skript-Datei als ausführbar markieren und sie dann direkt starten (siehe Abbildung 8-8). Das System übergibt die Datei an den in der Zeile nach dem #! angegebenen Interpreter. Die bisher verwendeten Shebangs waren folgende:

- Bash-Skripten: #!/bin/bash
- Python-Skripten: #!/usr/bin/python
- Node-Skripten: #!/usr/bin/node

Solange das Skript einen korrekten Shebang in der ersten Zeile enthält, können Sie es als ausführbar markieren und direkt starten. Um eine Datei innerhalb der Desktop-Umgebung ausführbar zu machen, klicken Sie sie mit der rechten Maustaste an und wählen Properties. Auf dem Permissions-Tab setzen Sie das Häkchen bei „Allow executing file as program". Das entspricht dem Ausführen von chmod +x filename in der Befehlszeile.

Wenn Sie die Datei jetzt doppelt anklicken, haben Sie die Wahl, das Skript im Terminal auszuführen oder in einem Texteditor anzuzeigen (siehe Abbildung 8-9).

Abbildung 8-8. *Ein Skript als ausführbar kennzeichnen*

Abbildung 8-9. *Nach einem Doppelklick auf ein ausführbares Skript haben Sie die Wahl, es auszuführen oder in einem Editor anzuzeigen.*

Wenn Sie Run in Terminal wählen, werden Sie feststellen, dass das Terminal-Fenster nicht so schick aussieht und auch nicht die Funktionalität besitzt, die ein aus den System Tools gestartetes Fenster bietet. Zum Glück lässt sich relativ leicht einstellen, wie sich die Terminal-Anwendung in dem Fall verhalten soll. Klicken Sie in der Menüleiste auf System→Preferences→ Preferred Applications und dann auf den System-Tab. Wählen Sie Xfce Terminal Emulator und schließen Sie das Fenster. Wenn Sie jetzt ausführbare Skripten doppelt anklicken und Run in Terminal wählen, werden sie im hübschen Terminal-Fenster gestartet.

Wenn Sie Display wählen, öffnet die Desktop-Umgebung die Datei in der Standard-Anwendung für diesen Dateityp. Manchmal öffnet sich die Datei in AbiWord, einer Textverarbeitung, die für das Erstellen und Bearbeiten von

Rich-Text-Dokumenten gedacht ist. Um festzulegen, welche Anwendung gestartet wird, wenn man einen bestimmten Dateityp zum Editieren öffnet, klicken Sie mit der rechten Maustaste auf den Typ der Datei und wählen Properties. Im Tab „Open With" entscheiden Sie sich für gedit Text Editor und klicken dann auf Close.

Zwischen Workspaces wechseln

Wenn zu viele Fenster geöffnet sind und Sie den Überblick verlieren, können Sie immer zu einem anderen Workspace wechseln, um einen sauberen Desktop zu erhalten (siehe Abbildung 8-10). Klicken Sie einfach auf einen der inaktiven Workspaces im Workspace Switcher unten rechts auf dem Bildschirm.

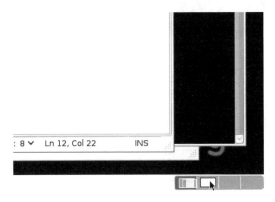

Abbildung 8-10. *Workspaces wechseln*

Wenn Ihnen vier Workspaces nicht reichen oder Sie den einzelnen Workspaces Bezeichnungen verpassen möchten, können Sie dies in den Einstellungen entsprechend anpassen. Klicken Sie einfach mit der rechten Maustaste auf den Switcher und wählen Sie Preferences.

Remote per VNC mit dem Desktop verbinden

Sie wollen auf die Desktop-Oberfläche Ihres BeagleBone zugreifen, sich aber nicht mit dem Anschließen von Tastatur, Maus und Monitor herumschlagen? Um ohne diese Komponenten den Desktop zu erreichen, können Sie VNC verwenden, einen Dienst zum Anzeigen und Steuern der Desktop-Oberfläche eines Computers über das Netzwerk von einem anderen Computer aus.

Als Erstes starten Sie den VNC-Server auf dem BeagleBone. Wenn Sie per SSH angemeldet sind, führen Sie den folgenden Befehl aus, der den VNC mitstartet, wenn die Desktop-Umgebung gestartet wird.

```
root@beaglebone:~# opkg install angstrom-x11vnc-xinit
```

Dann starten Sie Ihr Board neu, so dass die Änderungen wirksam werden.

Wenn Sie einen Mac verwenden, können Sie im Menü des Finder Gehe zu→Mit Server verbinden wählen. Es wird ein Fenster angezeigt, in dem Sie die Server-Adresse angeben. Tragen Sie hier vnc://beaglebone.local:5900 ein (siehe Abbildung 8-11) und klicken Sie auf Verbinden. Sie werden nach dem Passwort gefragt (im eben angeführten Beispiel „pass") und sind dann verbunden.

Abbildung 8-11. *Vom Mac aus per VNC mit dem BeagleBone verbinden*

Wenn Sie Windows nutzen, müssen Sie zunächst einen VNC-Client herunterladen, zum Beispiel RealVNC *(http://realvnc.com/download/viewer/)* oder TightVNC *(http://www.tightvnc.com/download.php)*. Nach der Installation verbinden Sie sich mit Ihrem BeagleBone über den Servernamen beaglebone.local:5900 oder seine IP-Adresse (Abbildung 8-12).

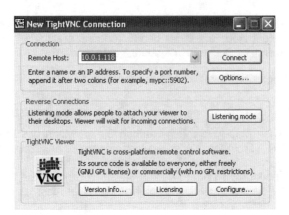

Abbildung 8-12. *Von Windows aus per TightVNC mit dem BeagleBone verbinden*

In diesem Buch habe ich nur die wichtigsten Grundlagen behandelt, die man benötigt, um den BeagleBone in Projekten einzusetzen, die mit der Umwelt agieren. Hoffentlich habe ich Ihnen ein paar Werkzeuge an die Hand geben können, die Ihnen helfen und mit denen sich Ihre Projekte auch realisieren lassen. Ich möchte Sie auf ein paar weitere Ressourcen aufmerksam machen, für den Fall, dass Sie tiefer einsteigen möchten:

- bash Cookbook *(http://shop.oreilly.com/product/9780596526788.do)* von Carl Albing, JP Vossen und Cameron Newham (O'Reilly)
- Learning Python *(http://shop.oreilly.com/product/0636920028154.do)* von Mark Lutz (O'Reilly)
- Make: Elektronik *(http://www.oreilly.de/catalog/elektronikger/index.html)* von Charles Platt (O'Reilly, deutsch)

Hilfe erhalten

Wenn wir ehrlich sind, müssen wir eingestehen, dass wir alle beim Umsetzen von Projekten schon mal mit Problemen zu kämpfen hatten. Manchmal weiß ich zum Beispiel nicht einmal, wie ich anfangen soll, wenn ich eine neue Idee verfolge. Neben einer Online-Suche führe ich hier daher ein paar weitere Quellen an, die Ihnen bei der Arbeit mit BeagleBone helfen können:

BeagleBoard Google Group
(http://groups.google.com/group/beagleboard)
Diese Gruppe ist ziemlich aktiv und deckt sowohl das BeagleBoard als auch den BeagleBone ab.

BeagleBone Google Group
(http://groups.google.com/group/beaglebone)
Nicht so aktiv wie die BeagleBoard-Gruppe, aber sie konzentriert sich voll und ganz auf den BeagleBone.

#beagle on Freenode IRC
Internet-Chaträume sind noch nicht tot! Tatsächlich können sie für eine kurze Antwort auf eine schnelle Frage sehr nützlich sein. Wenn Sie mit IRC nicht vertraut sind, können Sie sich unter Freenode *(http://freenode.net/)* vorsichtig herantasten. Um direkt loszulegen, rufen Sie diese Freenode-Seite *(http://webchat.freenode.net/)* auf, wählen einen Nicknamen aus und treten #beagle bei.

Inspiration

Häufig werde ich zu Projekten von dem inspiriert, was andere gebaut habe, und von der zugrunde liegenden Technologie, die dabei eingesetzt wurde. Hier ein paar Sites, die richtig gute Projekte vorstellen, um Ihnen Ideen zu liefern:

Makezine (http://blog.makezine.com/)
  Natürlich ist Makezine.com ein ausgezeichneter Ort, um Neuigkeiten zu erfahren und Projekte kennenzulernen.

Hack A Day (http://hackaday.com/)
  Schauen Sie regelmäßig bei Hack A Day vorbei, um ein paar der ausgefuchstesten Projekte kennenzulernen, die Sie online finden können.

Adafruit Blog (http://www.adafruit.com/blog/)
  Meine Freunde bei Adafruit finden immer wieder wunderbare Projekte, die mich regelmäßig inspirieren.

Projekte bekannt machen

Bei MAKE interessieren wir uns für die Projekte, an denen Sie arbeiten – sowohl für die erfolgreichen, als auch für die fehlgeschlagenen. Wenn Sie uns etwas über ein Projekt berichten möchten, an dem Sie arbeiten, können Sie es uns hier *(http://blog.makezine.com/contribute/)* mitteilen. Wenn Sie nach einem Weg suchen, die Entstehung Ihres Projekts vollständig online zu dokumentieren, veröffentlichen Sie ein Tutorial bei Make: Projects *(http://makeprojects.com)*. Viele Projekte im MAKE Magazine begannen als Make: Projects!

Um direkt mit mir in Kontakt zu treten, können Sie mir eine (englischsprachige) E-Mail an *mattr@makezine.com* schicken. Sie finden mich auch bei Twitter unter @MattRichardson.

Spaß haben

Es gibt viele verschiedene Gründe, warum jemand etwas baut. Bei mir ist es der Spaß an der Arbeit mit neuer Technologie. So viele meiner Projekte haben keinen anderen Zweck als das Herumzuspielen und Experimentieren. Ich quäle mich nicht mit der Frage herum „Warum baue ich das?". Es käme ja schließlich auch niemand ernsthaft auf die Idee, einen Skifahrer zu fragen, warum er einen Berg besteigt, nur um danach wieder herunterzufahren.

Es macht einfach unglaublich viel Spaß, herauszufinden, was mit einer neuen Technologie möglich ist. Zugegeben: Das kann manchmal auch ganz schön frustrierend sein, aber nichts ist befriedigender, als ein neues Werkzeug zu beherrschen.

Springen Sie einfach ins kalte Wasser und haben Sie keine Angst vor Fehlschlägen. Sie werden sich selbst überraschen.

A/Ein sauberes Ångström-Image installieren

Auf dem BeagleBone ist Ångström schon vorinstalliert, aber wenn Sie Ihr Board wieder mit einer sauberen Installation versehen möchten, ist es manchmal am besten, ein neues Image herunterzuladen. Beim Original-BeagleBone schreiben Sie eine bitgenaue Kopie einer .img-Datei auf eine MicroSD-Karte, von der gebootet wird, wenn Sie sie in das Board stecken. Auf diese Weise können Sie auch beim BeagleBone Black vorgehen. Sie haben hier aber auch die Möglichkeit, das Disk Image in das Flash Memory auf dem Board zu schreiben (das eMMC), so dass Sie später auch ohne eingesteckte MicroSD-Karte booten können.

OS X

1. Rufen Sie die BeagleBoard-Seite mit den neuesten Images (*http:// beagleboard.org/latest-images*) auf und laden Sie das aktuellste Ångström-Demo-Image herunter – es handelt sich dabei um eine .xz-Datei.

    a. Wenn Sie das eMMC auf dem BeagleBone Black neu flashen möchten, wählen Sie das Image „eMMC Flasher". Es enthält das gleiche Betriebssystem wie das Standard-Image, ist aber mit einem Tool ausgestattet, das dieses Image von der MicroSD-Karte ins eMMC schreiben kann.

    b. Wenn Sie den Original-BeagleBone besitzen oder wenn Sie auf dem BeagleBone Black von der MicroSD-Karte booten möchten, wählen Sie das Standard-Image.

2. Laden Sie die XZ Utils von der Mac OS X Packages-Seite (*http:// macpkg.sourceforge.net/*) herunter und installieren Sie sie, so dass Sie das Demo-Image entpacken können.

3. Geben Sie in einem Terminal-Fenster **df** ein. Damit erhalten Sie alle Volumes, die mit Ihrem Computer verbunden sind.

4. Fügen Sie Ihre MicroSD-Karte in Ihren Computer ein und geben Sie erneut **df** ein.

5. Die MicroSD-Karte sollte nun in der Liste als neues Gerät auftauchen. In meinem Fall ist das */dev/disk1*. Unmounten Sie diese Disk durch folgende Eingabe:

```
sudo diskutil unmountDisk /dev/disk1
```

Geben Sie Ihr Passwort für das Kontos des Computer-Administrators ein, wenn sudo Sie danach fragt.

6. Wechseln Sie in den Ordner, in den Sie die .xz-Datei mit dem Demo-Image von Ångström heruntergeladen haben, zum Beispiel so:

```
cd ~/Downloads
```

7. Führen Sie den folgenden Befehl aus, um das Image zu entpacken und auf die Karte zu kopieren. Ersetzen Sie den Namen der .xz-Datei durch den Namen der Datei, die Sie herunterluden, und */dev/disk1* durch die Disk, die Sie im vorherigen Schritt per Unmount aus dem Dateisystem entfernt haben:

```
sudo xz -dkc <Ångström Image File>.img.xz > /dev/disk1
```

 Achten Sie darauf, dass Sie den korrekten Gerätenamen verwenden, denn anderenfalls überschreiben Sie eventuell die falsche Disk – vielleicht sogar die, auf der Ihr Betriebssystem gespeichert ist!

---

8. Das Entpacken und Kopieren des Image auf die MicroSD-Karte kann bis zu einer Stunde dauern. Sie werden dabei nur einen blinkenden Cursor sehen. Lassen Sie das Programm trotzdem einfach seine Arbeit erledigen.

Windows

1. Rufen Sie die BeagleBoard-Seite mit den neuesten Images *(http://beagleboard.org/latest-images)* auf und laden Sie das aktuellste Ångström-Demo-Image herunter – es handelt sich dabei um eine .xz-Datei.

   a. Wenn Sie das eMMC auf dem BeagleBone Black neu flashen möchten, wählen Sie das Image „eMMC Flasher". Es enthält das gleiche Betriebssystem wie das Standard-Image, ist aber mit einem Tool ausgestattet, das dieses Image von der MicroSD-Karte ins eMMC schreiben kann.

   b. Wenn Sie den Original-BeagleBone besitzen oder wenn Sie auf dem BeagleBone Black von der MicroSD-Karte booten möchten, wählen Sie das Standard-Image.

2. Rufen Sie die Seite von 7-zip *(http://www.7-zip.org/)* auf, laden Sie 7-Zip herunter und installieren Sie es – damit entpacken Sie die .xz-Datei.

3. Starten Sie die Seite mit dem Image Writer for Windows Launchpad *(https://launchpad.net/win32-image-writer/)*, laden Sie den Win32 Image Writer herunter und installieren Sie ihn – damit schreiben Sie das Disk Image auf die MicroSD-Karte.

4. Wechseln Sie in den Ordner, in den Sie das Ångström-Demo-Image heruntergeladen haben, und klicken Sie es mit der rechten Maustaste an. Klicken Sie im 7-zip-Menü auf „Dateien hier entpacken". Dadurch wird eine .img-Datei erstellt.

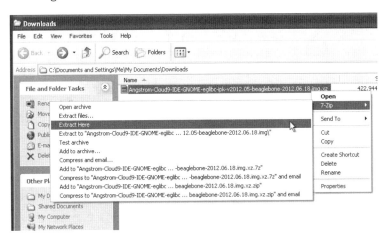

5. Stecken Sie die MicroSD-Karte in Ihren Computer.

6. Öffnen Sie die .img-Datei im Win32 Image Writer und wählen Sie Ihre MicroSD-Karte als Ziel aus.

7. Klicken Sie auf „Write", um mit dem Schreiben auf die Karte zu beginnen.

Linux

1. Rufen Sie die BeagleBoard-Seite mit den neuesten Images *(http://beagleboard.org/latest-images)* auf und laden Sie das aktuellste Ångström-Demo-Image herunter – es handelt sich dabei um eine .xz-Datei.

   a. Wenn Sie das eMMC auf dem BeagleBone Black neu flashen, wählen Sie das Image „eMMC Flasher". Es enthält das gleiche Betriebssystem wie das Standard-Image, ist aber mit einem Tool ausgestattet, das dieses Image von der MicroSD-Karte ins eMMC schreiben kann.

b. Wenn Sie den Original-BeagleBone besitzen oder wenn Sie auf dem BeagleBone Black von der MicroSD-Karte booten möchten, wählen Sie das Standard-Image.

2. Lassen Sie sich eine Liste der Speichergeräte anzeigen, die mit Ihrem Computer verbunden sind:

```
fdisk -l
```

3. Ermitteln Sie das Gerät, das zu Ihrer MicroSD-Karte gehört. Dabei kann es sich um so etwas wie */dev/sda1* handeln.

 Achten Sie darauf, dass Sie den korrekten Gerätenamen nutzen, denn sonst überschreiben Sie die falsche Disk, eventuell sogar Ihr Betriebssystem!

---

4. Wechseln Sie in den Ordner, in den Sie die .xz-Datei mit dem Ångström-Demo-Image heruntergeladen haben, zum Beispiel so:

```
cd ~/Downloads
```

5. Führen Sie den folgenden Befehl aus, um das Image zu entpacken und auf die Karte zu kopieren. Ersetzen Sie den Namen der .xz-Datei durch den Namen der Datei, die Sie herunterluden, und */dev/disk1* durch die Disk, die Sie im vorherigen Schritt per Unmount aus dem Dateisystem entfernt haben:

```
xz -dkc <Ångström Image File>.img.xz > /dev/sda1
```

6. Das Entpacken und Kopieren des Image auf die MicroSD-Karte kann bis zu einer Stunde dauern. Sie werden dabei nur einen blinkenden Cursor sehen. Lassen Sie das Programm trotzdem einfach seine Arbeit erledigen.

Das eMMC flashen

Auf dem BeagleBone Black können Sie eine Image-Datei für einen *eMMC-Flasher* herunterladen. Dabei handelt es sich um eine MicroSD-Karte, die so konfiguriert ist, dass sie das Ångström-Betriebssystem von der Karte auf das On-Board Flash Memory installiert. Anschließend können Sie den BeagleBone auch ohne eine MicroSD-Karte starten. Wenn Sie mit einer der oben beschriebenen Vorgehensweisen eine eMMC-Flasher-Karte erstellt haben, ist das Flashen des BeagleBone Black-Speichers ganz einfach:

1. Stecken Sie die eMMC-Flasher-MicroSD-Karte in den ausgeschalteten BeagleBone Black (während das Board also von der Stromversorgung getrennt ist).

2. Verbinden Sie den BeagleBone bei gedrückter Boot-Taste (Abbildung A-1) mit der Stromversorgung und halten Sie die Taste weitere 15 Sekunden gedrückt.

3. Die USR-LEDs blinken, während der Flashing-Prozess läuft.

4. Das Flashen kann etwa 45 Minuten dauern. Wenn es fertig ist, leuchten alle vier USR-LEDs permanent.

5. Trennen Sie das Board von der Stromversorgung.

6. Entfernen Sie die MicroSD-Karte.

Abbildung A-1. *Die Boot-Taste des BeagleBone Black*

Wenn Sie das Board jetzt wieder mit Strom versorgen, wird es vom neu geflashten eMMC booten.

B/Systemdienste einrichten

In diesem Buch haben Sie immer wieder Projekte gestartet, indem Sie Ihren Code an der Befehlszeile ausgeführt haben. Es gibt aber auch viele Situationen, in denen der BeagleBone Ihren Code direkt nach dem Booten starten soll. Dies wird als *Systemdienst* (System Service) bezeichnet. So haben Sie zum Beispiel in „Datenprotokollierung mit Xively" auf Seite 82 ein Tool erstellt, mit dem die aktuelle Temperatur alle 20 Sekunden auf den Xively-Server hochgeladen wird. Nach dem Starten an der Befehlszeile tat es das auch, aber nur solange, bis Sie das Programm beendeten, sich abmeldeten oder den BeagleBone vom Strom trennten.

Ångström setzt systemd ein, um die Systemdienste zu verwalten. Um die Einstellungen von systemd zu ändern, greifen Sie auf den Befehl systemctl zurück. Damit können Sie Systemdienste aktivieren, deaktivieren, starten, stoppen, neu starten und deren Status prüfen.

Eine Servicedatei erstellen

Wenn Sie in das Verzeichnis */lib/systemd/system* wechseln und Sie sich den Inhalt ausgeben lassen, sehen Sie die verschiedenen *.service*-Dateien. Diese Services sind nicht zwingend aktiv (die meisten allerdings schon). Als Erstes erstellen Sie eine neue *.service*-Datei für Ihren Code in */lib/systemd/system*. Ich werde das Beispiel aus Beispiel 6-11 als Systemdienst in Beispiel B-1 setzen.

```
root@beaglebone:/lib/systemd/system# nano xively-logger.service
```

In der neu erzeugten Datei fügen Sie den folgenden Text aus Beispiel B-1 ein:

Beispiel B-1. *Quellcode für /lib/systemd/system/xively-logger.service*

```
[Unit]
Description=Xively Client ❶

[Service]
WorkingDirectory=/home/root/ ❷
ExecStart=/usr/bin/python xively-temp.py ❸
SyslogIdentifier=xively ❹
```

```
Restart=on-failure ❺
RestartSec=5 ❻


[Install]
WantedBy=multi-user.target ❼
```

❶ Eine für den Anwender lesbare Beschreibung des Dienstes
❷ Der Ort der zu startenden Datei
❸ Befehle, die an diesem Ort ausgeführt werden sollen.
❹ Dienst-Name für die Systemlogs
❺ Wenn ein Fehler beim Starten der Anwendung auftritt, versuche es erneut.
❻ Versuche, die Anwendung alle fünf Sekunden neu zu starten.
❼ Falls aktiv, starte den Dienst gegen Ende des Bootprozesses (wenn das System dazu bereit ist, mit mehreren Anwendern gleichzeitig zu arbeiten).

Den Dienst aktivieren und starten

Nach dem Speichern der Datei aktivieren Sie den Dienst mit dem Befehl systemctl enable:

```
root@beaglebone:/lib/systemd/system# systemctl enable xively-logger
```

Jetzt startet Ihr Dienst zwar, wenn der BeagleBone hochgefahren wird, läuft aber aktuell noch nicht. Um ihn sofort zu starten, nutzen Sie systemctl start:

```
root@beaglebone:/lib/systemd/system# systemctl start xively-logger
```

Wenn Sie den Dienst neu starten möchten, setzen Sie systemctl restart ein:

```
root@beaglebone:/lib/systemd/system# systemctl restart xively-logger
```

Den Dienst deaktivieren und stoppen

Wenn Sie das automatische Starten des Dienstes beim Booten beenden möchten, können Sie systemctl disable verwenden:

```
root@beaglebone:/lib/systemd/system# systemctl disable xively-logger
```

Wenn der Dienst schon lief, wird er auf diese Weise aber nicht gestoppt. Dazu nutzen Sie systemctl stop:

```
root@beaglebone:/lib/systemd/system# systemctl stop xively-logger
```

Den Status eines Dienstes prüfen

Sie können den Status eines Systemdienstes über den Befehl *systemctl* status prüfen:

```
root@beaglebone:/lib/systemd/system# systemctl status xively-logger
  Loaded: loaded (/lib/systemd/system/xively-logger.service; enabled)
  Active: active (running) since Wed 2013-07-24 14:57:03 EDT; 4s ago
 Main PID: 652 (python)
  CGroup: name=systemd:/system/xively-logger.service
          `-652 /usr/bin/python xively-temp.py

Jul 24 14:57:03 beaglebone systemd[1]: Starting Xively Client...
Jul 24 14:57:03 beaglebone systemd[1]: Started Xively Client.
```

Sie können sich die aktiven Dienste über systemctl ausgeben lassen:

```
root@beaglebone:/lib/systemd/system# systemctl
```

Mit der Leertaste blättern Sie zur nächsten Seite, mit q beenden Sie die Ausgabe.

Datum und Uhrzeit als Systemdienst setzen

Nach dem Festlegen Ihrer Zeitzone und dem Abfragen der NTP-Server in „Datum und Uhrzeit" auf Seite 29 möchten Sie möglicherweise systemd nutzen, damit Ihr BeagleBone die Zeit beim Booten immer automatisch einstellt. Dazu müssen Sie die Datei ntpdate.service in /lib/systemd/system/ bearbeiten:

```
root@beaglebone:/lib/systemd/system# nano ntpdate.service
```

Passen Sie sie so an, dass sie Beispiel B-2 entspricht.

Beispiel B-2. *Quellcode für /lib/systemd/system/ntpdate-logger.service*

```
[Unit]
Description=Network Time Service (one-shot ntpdate mode)
Before=ntpd.service

[Service]
Type=oneshot
ExecStart=/usr/bin/ntpdate -b -s -u pool.ntp.org ❶
RemainAfterExit=yes
Restart=on-failure
RestartSec=5

[Install]
WantedBy=multi-user.target
```

❶ Ersetzen Sie pool.ntp.org durch den von Ihnen bevorzugten NTP-Server, falls Sie dies wünschen.

Der Systemdienst ist nun korrekt eingerichtet und wird beim Neustart Ihres Boards gestartet werden. Wenn die Änderungen am Dienst sofort wirksam werden sollen, weisen Sie systemctl an, die Konfigurationsdatei neu zu laden:

```
root@beaglebone:/lib/systemd/system# systemctl -system daemon-reload
```

Anschließend starten Sie den Dienst neu:

```
root@beaglebone:/lib/systemd/system# systemctl restart ntpdate
```

C/Kurzreferenz: GPIO

GPIO im Dateisystem

Einen Pin exportieren

```
echo 44 > /sys/class/gpio/export
```

Einen Pin als Output-Pin setzen

```
echo out > /sys/class/gpio/gpio44/direction
```

Einen Pin auf HIGH setzen

```
echo 1 > /sys/class/gpio/gpio44/value
```

Einen Pin auf LOW setzen

```
echo 0 > /sys/class/gpio/gpio44/value
```

Einen Pin als Input-Pin setzen

```
echo in > /sys/class/gpio/gpio44/direction
```

Den Wert eines Input-Pins lesen (0 für LOW und 1 für HIGH)

```
cat /sys/class/gpio/gpio44/value
```

GPIO mit Python

Die BeagleBone IO Python Library von Adafruit importieren

```
import Adafruit_BBIO.GPIO as GPIO
```

Einen Pin als Output-Pin setzen

```
GPIO.setup("P8_12", GPIO.OUT)
```

Einen Pin auf HIGH setzen

```
GPIO.output("P8_12", GPIO.HIGH)
```

Einen Pin auf LOW setzen

```
GPIO.output("P8_12", GPIO.LOW)
```

Einen Pin als Input-Pin setzen

```
GPIO.setup("P8_14", GPIO.IN)
```

Den Wert eines Input-Pins lesen (liefert 0 oder GPIO.LOW für Low und 1 oder GPIO.HIGH für High)

```
GPIO.input("P8_12")
```

Einen Pin als PWM-Pin setzen (mit 50% Einschaltrate)

```
import Adafruit_BBIO.PWM as PWM
PWM.start("P8_13", 50)
```

Die Einschaltrate eines PWM-Pin setzen

```
PWM.set_duty_cycle("P8_13", 25)
```

Eine Umgebung für analoge Input-Daten einrichten

```
import Adafruit_BBIO.ADC as ADC
ADC.setup()
```

Einen analogen Wert lesen (liefert einen Wert zwischen 0 und 1)

```
analogReading = ADC.read("P9_39")
```

GPIO mit Node.js

BoneScript importieren

```
var b=require('bonescript');
```

Einen Pin als Output-Pin setzen

```
b.pinMode("P8_12", b.OUTPUT);
```

Einen Pin auf HIGH setzen

```
b.digitalWrite("P8_12", b.HIGH);
```

Einen Pin auf LOW setzen

```
b.digitalWrite("P8_12", b.LOW);
```

Einen Pin als Input-Pin setzen

```
b.pinMode("P8_12", b.INPUT);
```

Den Wert eines Input-Pins lesen (gibt LOW oder HIGH zurück)

```
b.digitalRead("P8_12");
```

Einen Pin als PWM-Pin setzen (mit 50% Einschaltrate)

```
b.pinMode('P8_13', b.OUTPUT);
b.analogWrite('P8_13', 0.5);
```

Die Einschaltrate eines PWM-Pins setzen

```
b.analogWrite('P8_13', 0.25);
```

Einen analogen Wert lesen (liefert einen Wert zwischen 0 und 1)

```
analogReading = b.analogRead('P9_39');
```

GPIO-Pins

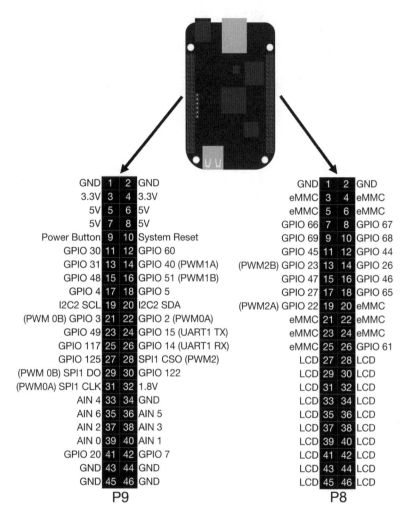

Abbildung C-1. *Die Standard-Pin-Konfiguration des BeagleBone (BeagleBone-Illustration stammt von Adafruit Fritzing Library)*

Index

Über den Autor

Matt Richardson ist Technologe und Videoproduzent in Brooklyn. Er schreibt für das *MAKE*-Magazin und Makezine.com. Zudem ist er Eigentümer der Awesome Button Studios, einer Technologie-Beratungsfirma. Zu den Highlights seiner Arbeit gehört die Descriptive Camera – eine Kamera, die eine Textbeschreibung einer Szene statt eines Fotos ausgibt. Er hat auch The Enough Already erstellt, eine DIY-Bastelei, um zu häufig vorkommende Promis im Fernsehen stummzuschalten. Matts Arbeiten wurden von *The New York Times*, *Wired* und *New York Magazine* erwähnt und fanden sich auch schon im The Nevada Museum of Art und auf der Santorini Biennale. Er betreibt aktuell ein Master-Studium im Interactive Telecommunications Program der New York University.

Die Coverabbildung stammt von Marc de Vinck. Die Schriftart auf dem Cover und im Text ist BentonSans, die Überschriftenschrift ist Serifa und die Code-Schrift ist Bitstreams Vera Sans Mono.

Arduino & DIY

Die elektronische Welt mit Arduino entdecken

Erik Bartmann
496 Seiten, 2011, 34,90 €
ISBN 978-3-89721-319-7

Nicht zu Unrecht hat das Open Source-Projekt Arduino in den vergangenen Jahren große Aufmerksamkeit erlangt und vielen Nicht-Programmieren den Einstieg in eine neue, faszinierende Welt ermöglicht. Mit dem Microcontroller Arduino können aufregende Dinge entwickelt werden: von der selbst programmierten Ampelsteuerung bis hin zum Roboter, der mit seiner Umwelt interagiert. Die einzige Voraussetzung, die man für dieses Buch mitbringen muss, ist Neugierde. Für den Rest sorgt Autor Erik Bartmann: Schritt für Schritt führt er den Leser in die Welt der Elektronik, Schaltpläne und Leuchtdioden ein. Alle im Buch vorgestellten Arduino-Projekte bauen didaktisch vom Einfachen zum Komplexen aufeinander auf. Elektronisches Grundwissen wird an den Stellen vermittelt, an denen es benötigt wird.

Arduino Kochbuch

Michael Margolis,
624 Seiten, 2012, 44,95 €
ISBN 978-3-86899-353-0

Der Autor nimmt Sie bei der Hand und entwickelt mit Ihnen unglaublich faszinierende Elektronikprojekte: von der einfachen Ampelschaltung bis hin zu komplexen Robotern, die mit ihrer Umwelt interagieren. Wie beiläufig vermittelt er Ihnen dabei das notwenige elektronische Grundwissen, das Sie benötigen, um selbst eindrucksvolle Arduino-Projekte zu bauen. Das Buch ist durchgängig vierfarbig mit zahlreichen Fotos und erläuternden Grafiken.

Processing

Eric Bartmann, 576 Seiten, 2010, in Farbe
34,90 €, ISBN 978-3-89721-997-7

Processing ist eine auf Grafik, Simulation und Animation spezialisierte objektorientierte Programmiersprache, die besonders für Menschen mit wenig Programmiererfahrung geeignet ist. Deshalb eignet sie sich vor allem für Künstler, Bastler und Programmiereinsteiger. Processing führt den Leser zügig in die Programmier-Essentials ein und geht dann unmittelbar zur Programmierung grafisch anspruchsvoller Anwendungen über. Spielerisch wird dem Leser die 2D- und 3D-Programmierung, Textrendering, die Bildbearbeitung und sogar die Videomanipulation nahe gebracht.

Making Things Talk – Die Welt hören, sehen, fühlen

Tom Igoe, 486 Seiten, 2012, 39,90 €
ISBN 978-3-86899-162-8

Making Things Talk – Die Welt sehen, hören, fühlen zeigt mit 33 leicht nachzubauenden Elektronikprojekten, wie Dinge untereinander, mit der Umwelt und mit Menschen kommunizieren können. Dieses Buch wurde in den USA in der 1. Auflage zu DEM Standardwerk über Physical Computing.

Making Things Move – Die Welt bewegen

Dustyn Roberts, 384 Seiten, 2011, 29,90 €
ISBN 978-3-86899-139-0

Dieses Buch richtet sich an alle, die keine formale Ingenieursausbildung besitzen, aber trotzdem Dinge bauen möchten, die sich bewegen. Dustyn Roberts widmet sich in Making Things Move einem breiten Themenspektrum, das vom Anschluss von Kupplungen oder Spindeln an Motoren bis zur Umwandlung von rotierender in lineare Bewegung reicht. Dazu nutzt die Autorin einfache Erklärungen,viele Fotos und Zeichnungen und bezieht sich stets auf faszinierende DIY-Projekte.

Make: Elektronik

Charles Platt, 340 Seiten, 2010, 34,90 €
ISBN 978-3-89721-601-3

Ganz geschmeidig die Grundlagen der Elektronik lernen? Auch noch Spaß dabei haben? Und direkt richtige Elektronikprojekte realisieren? Das soll nicht gehen? Doch! Make: Elektronik startet mit den Basics und geht dann zügig über in komplexe DIY-Projekte. Die Projekte reichen von einer elektronischen Einbruchssicherung über einen Reaktionszeitmesser bis hin zum Bau eines Selbstlenkfahrzeugs, das seine Umgebung wahrnehmen und darauf reagieren kann. Detaillierte Schritt-für-Schritt-Bauanleitungen, über 500 farbige Fotos und Abbildungen und unzählige Themeninseln zu allen relevanten Elektronik-Grundlagenthemen machen Make: Elektronik zu einem Ausnahmebuch.

O'REILLY®

anfragen@oreilly.de • http://www.oreilly.de • +49 (0)221-97 31 60-0